PRÉPARER ET VALORISER SON BILAN DE COMPÉTENCES

Michel Gibert

PRÉPARER ET VALORISER SON BILAN DE COMPÉTENCES

UNE MÉTHODE

et

15 GRANDS JEUX-TESTS

POUR CONCRÉTISER VOS PROJETS PROFESSIONNELS

Deuxième tirage 2005

Éditions d'Organisation

Apec

Éditions d'Organisation
1, rue Thénard
75240 Paris Cedex 05
www.editions-organisation.com
www.apec.fr

Chez le même éditeur

APEC, *Méthode Déclic,* 2004

Cet ouvrage a fait l'objet d'un reconditionnement
à l'occasion de son deuxième tirage (nouvelle couverture).
Le texte de l'ouvrage reste inchangé par rapport au tirage précédent.
Le titre initial, Job Quiz, a été modifié.

ISBN : 2-7081-3415-9

Sommaire

Tests

L'AUTEUR

Psychologue, Michel Gibert a toujours travaillé au cœur des évolutions professionnelles. Sa carrière en cabinet de recrutement et dans un groupe international a trouvé son développement au sein du Cabinet BPI. Consultant expert, il y conduit des missions d'outplacement, de bilans de compétences et de conseil en mobilités.

Auteur de deux ouvrages sur les bilans de compétences et les tests de recrutement, Michel Gibert mène en parallèle une activité littéraire dans le domaine du roman policier et fantastique.

Je dédie ce livre à tous les candidats que j'ai suivis,
en outplacement, bilans de compétences,
en recrutement ou en coaching.
C'est à leurs expériences, leurs peines, leurs satisfactions,
leurs réussites, que je dois ce que je sais.

À propos du bilan de compétences

Vous êtes salarié sous contrat à durée indéterminée, vous êtes salarié ou ancien salarié sous contrat à durée déterminée, vous êtes en mission d'intérim... le bilan de compétences vous permet d'analyser individuellement vos compétences et aptitudes dans le cadre d'un projet professionnel ou de formation. *(Source Fongecif)*

Les conseillers de l'Apec et des Fongecif (organismes interprofessionnels régionaux) et des cabinets de consultants agréés (par exemple Leroy Consultants du groupe BPI où l'auteur travaille) sont vos partenaires pour vous conseiller et vous accompagner dans votre projet individuel.

Si vous êtes fonctionnaire ou agent public (contractuel, auxiliaire, vacataire, etc.), employé par l'Etat, une collectivité territoriale, un établissement public administratif (école, hôpital, etc.), vous relevez de dispositifs de formation spécifiques aux fonctions publiques. Renseignez-vous auprès de votre administration.

INTRODUCTION

CETTE ATTITUDE QUI FAIT LA DIFFÉRENCE

Que ce soit en gestion de carrières, bilans de compétences, outplacement, recrutement ou formation, le consultant en ressources humaines est amené à observer un certain nombre d'attitudes, de positions, de comportements récurrents voire systématiques. Au-delà de l'intérêt pour les personnes, au-delà aussi de la recherche de solutions individuelles, cette récurrence, cette accumulation des problématiques posées, finissent par susciter des questions de fond. Mais de quels comportements, quels réflexes, quelles interrogations, quelles attentes, s'agit-il ?

Côté cadre, écoutons les questions (et les récriminations) :

- Gestion de carrière : *« J'étais depuis longtemps dans la fonction, on a confié la responsabilité du service à un nouveau qui n'y connaît rien. »*
- Bilan de compétences : *« J'ai envie de faire autre chose, aidez-moi à trouver ce qui me conviendrait le mieux. »*
- Outplacement : *« De toute façon, aujourd'hui, on ne veut plus de gens de mon âge, on ne veut que des jeunes super-diplômés »*
- Recrutement : *« Le poste m'intéresse mais on me dit que je suis surqualifié ! » (*ou, selon le cas : *« sous-qualifié »).*

Côté entreprise, qu'entend le consultant en ressources humaines ?

- « C'est un bon professionnel. On apprécie ses compétences techniques, mais on ne le voit pas dans un rôle de manager ».
- « Untel ? On voit bien qu'il s'ennuie, qu'il stagne, qu'il ne progresse plus dans son métier, mais que lui confier d'autre ? »
- « Il n'a plus sa place dans la nouvelle structure. »
- « On ne perçoit pas son engagement, sa détermination à prendre de nouvelles responsabilités. »

INSATISFACTION ! Pourtant nous rencontrons tous des salariés (tant mieux, ils sont nombreux) qui s'épanouissent dans leur travail, réussissent, progressent. Ceux-là seraient-ils donc d'heureux élus à qui tout réussit par chance, par piston ou par intrigue ? Sûrement pas : l'épanouissement, la réussite, la progression, sont toujours la résultante de contraintes, de difficultés à surmonter, d'un travail. Ils résultent aussi – et surtout – de la confiance, de la volonté, de l'envie. Encore que, et à bien y réfléchir, pour réussir par chance, piston ou intrigue, il faut aussi bien du talent, du travail, de la confiance et de la volonté !

Oui le consultant en ressources humaines ne rencontre pas que des insatisfaits. Il croise également le parcours de cadres qui exercent leur métier avec bonheur, qui réalisent leurs projets. Il repère ainsi ceux qui seront recrutés – qu'ils soient en mobilité volontaire ou en outplacement –, ceux à qui l'on confiera des évolutions de carrière et des responsabilités dans l'entreprise.

L'enseignement que le consultant retient de ces observations régulières, récurrentes, c'est qu'entre les uns et les autres, il n'existe pas de différence de nature. En revanche, au-delà d'un ensemble de caractéristiques communes, ce qui frappe surtout, c'est une différence d'attitude. **Une attitude qui « fait la différence »**, et qui est liée à la personnalité de chacun, à sa vie, à ses facilités ou ses contraintes personnelles. En fonction de ces facteurs personnels, cette attitude se cristallise sur deux aspects *opérationnels* fondamentaux : la **projection** et la **créativité.**

Projection : parce que le travail (comme toute action, comme la vie) est une projection vers le futur.

Créativité : parce que le travail (comme la vie) est quelque chose que l'on crée en permanence.

Commençons par ce premier test.

TEST

QUEL EST MON DEGRÉ D'IMMOBILISME ET DE NON CRÉATIVITÉ ?

	VRAI	FAUX
1 • J'ai envie de toujours faire le même travail	❑	❑
2 • Je n'ai pas envie d'apprendre des choses nouvelles	❑	❑
3 • Je ne veux pas avoir à prendre d'initiatives	❑	❑
4 • Je ne lis que les livres que je connais	❑	❑
5 • Je n'ai jamais décoré mon appartement	❑	❑
6 • J'aime le travail répétitif	❑	❑
7 • Je ne veux pas évoluer	❑	❑
8 • Je n'ai aucune activité extra professionnelle	❑	❑
9 • Je n'ai jamais d'idées concernant mon travail	❑	❑
10 • Je ne fais que ce qu'on me dit de faire	❑	❑
11 • Je n'ai rien appris depuis l'école primaire	❑	❑
12 • Mon but dans la vie est de passer mes journées assis sur un banc	❑	❑
13 • Je ne dis jamais rien à mon patron	❑	❑
14 • Tout ce que je fais n'a aucun intérêt	❑	❑
15 • Je fais exactement la même chose que lorsque j'ai été embauché	❑	❑
16 • Je ne sais rien faire par moi-même	❑	❑

RÉSULTATS

PROVOCATION... Il ne s'agit que de provocation bien sûr ! En logique, on appelle cela une démonstration par l'absurde. Attention toutefois : si *sérieusement* vous comptez une majorité de « VRAI », vous avez les symptômes d'un état de dépression. Il serait bon de consulter sans tarder un médecin ou un psychothérapeute !

Mais pour la majorité d'entre vous, il est évident que vous avez continuellement appris, que vous avez évolué, que vous voulez continuer à apprendre et à évoluer, que vous ne voulez pas vous enfermer dans des routines sans initiative, que vous avez envie de vous exprimer, de donner un sens à votre travail !

La **« projection créative »**, c'est cela.

Dans les chapitres qui vont suivre, nous nous efforcerons, au travers d'exemples, de témoignages, de tests (sérieux !) de vous faire mieux exprimer vos objectifs (de travail, de vie), vos potentialités et de les mettre en adéquation, en *perspective,* avec les problématiques des entreprises. Au-delà de cette réflexion portée sur vous-même, nous réfléchirons au problème de la **communication :** *« Comment me faire entendre – et comprendre – de l'entreprise ».*

« Par "La Méthode", il faut comprendre :
les principes opérationnels qui aident à penser
par soi-même. Je dirais même que le mot "Méthode"
au sens originel signifie la voie, le chemin.
Comment cheminer en faisant son chemin ».

Edgar MORIN

Première partie

DEMAIN, JE FAIS QUOI ?

CHAPITRE 1

LE PARCOURS, LE PROJET, LA CRÉATIVITÉ

« Mon parcours surprend toujours : des hauts et des bas, des lignes droites, des virages, des ascensions, des chutes... dans mon esprit pourtant, tout cela est cohérent. Mais aujourd'hui il serait bon de faire le tri... pour savoir là où je dois aller... »

« Il arrive toujours un moment, dans le cours de notre vie professionnelle, où l'on se pose des questions »... simple constat – une évidence – d'un cadre au moment de commencer un bilan de compétences. Un constat plutôt positif, penserez-vous. Pas vraiment : si cette personne exprime ainsi son besoin d'entreprendre un bilan de compétences, c'est qu'il est déjà bien tard. Si la question

se formule en ces termes, c'est qu'une réponse a déjà été apportée : « Mon évolution est bloquée », ou bien « J'ai envie de faire autre chose »... Et c'est très souvent cette urgence qui déclenche la demande de bilan de compétences !

Au lieu de s'en remettre à la fatalité – « il arrive toujours un moment où... » – il faudrait penser : « On doit toujours se poser des questions au cours de notre vie professionnelle. » Parce que rien n'est jamais acquis d'avance, qu'aucune route n'est toute tracée, que l'environnement change, que l'entreprise évolue, que les patrons se succèdent et que les politiques diffèrent... **Parce que c'est nous qui, par nos actions ou notre inaction, construisons notre avenir.**

Mais il est vrai que l'on est absorbé par le quotidien, par la réalisation de ses objectifs à court terme ; que l'inertie est une loi physique naturelle, que le temps nous « file entre les doigts »... bref, que ces questions essentielles, nous ne nous les posons qu'à ces moments clés, aux étapes importantes et balisées du parcours professionnel : l'embauche, la promotion à de nouvelles responsabilités, le changement de secteur d'activité (passer du commercial au marketing, des études à la production). Il arrive aussi que ces moments clés soient de véritables moments de crises : restructuration de l'entreprise, recherche d'un nouvel emploi, reconversion d'un métier en crise.

Et voilà, de surcroît, qu'au moment même où nous nous posons des questions, en face de nous quelqu'un demande : « Quel est votre projet ? » ! C'est que nous sommes dans un devenir. **Notre parcours, c'est ce qui**

nous appartient. Ce n'est pas l'attente de l'entreprise. *L'entreprise attend ce que nous allons lui donner.* Nous y reviendrons.

A. LE PARCOURS

Aujourd'hui, pour parler de la vie professionnelle, on emploie assez communément le mot parcours. Et il y a un peu de cela : à la sortie de l'école, nous n'avons pas tous emprunté la même route ; certains avaient une idée de là où ils voulaient aller et ont choisi un itinéraire avec ses étapes nécessaires ; d'autres ont préféré la route qui leur semblait la plus facile parce qu'elle s'ouvrait tout de suite devant eux ou parce qu'elle s'appelait : « autoroute du succès » ; d'autres encore ont jugé ennuyeuse cette large voie et lui ont préféré des petits chemins qu'ils ont parcourus, à la recherche du plaisir et de l'agrément. Et puis il y a ceux qui n'ont pas suivi l'itinéraire qu'ils auraient souhaité. Soit parce qu'ils ne pouvaient s'acquitter du péage, trop onéreux pour eux ; soit parce qu'il leur aurait fallu grimper des sentes escarpées et que la perspective du risque les a fait renoncer.

Chemin faisant, chacun a traversé des paysages différents : multinationales aux artères balisés, PME qui exigent de savoir tout faire avec ou sans espoir de promotion en retour. Certains n'ont vu qu'un seul et unique paysage pendant 20 ans. D'autres, en revanche, ne comptent plus les déserts, les montagnes abruptes, mais aussi les beaux jardins et les vallées fertiles.

Pour tous, vient le moment où l'on « se pose des questions », où « il faut faire le point » : savons-nous bien à quel stade nous en sommes de notre parcours ? Savons-nous bien si nous en sommes au début où à la fin (en fonction de l'âge, la réponse est aisée. Quoique...) ? Sommes-nous dans la bonne direction ? La route à suivre ne risque-t-elle pas d'être semée d'embûches ? Ne craignons-nous pas de nous enliser dans des marécages, de nous enfermer dans une impasse ? N'allons-nous pas rencontrer des embouteillages au sortir de cette « autoroute du succès » qui finalement ne mène pas bien loin ? Ne sommes-nous pas allés trop haut ? Ne sommes-nous pas restés trop bas ? Avons-nous encore de la réserve pour continuer ? Devons-nous accélérer ou, au contraire, « ménager notre monture » ? Faut-il prévoir une halte carburant (c'est-à-dire une formation complémentaire pour poursuivre dans la voie choisie) ?

PARCOURS. Ce terme, s'il a le mérite d'être plus dynamique que la notion de « récapitulatif de carrière », ne rend cependant pas bien compte du vécu, du travail, de l'engagement, de la volonté, de l'angoisse et des envies qui l'ont composé. **« Parcourir » une carrière, c'est comme parcourir un livre ; c'est la survoler, ne pas entrer dedans.** Or, c'est à chacune des étapes de notre vie professionnelle que nous nous sommes construits, que se sont forgées nos compétences, que se sont développées nos forces – ou accusées nos faiblesses. Talents, compétences, lacunes, faiblesses, échecs, succès... quoi qu'il en soit, il nous faudra bien tenir compte du chemin parcouru, et *l'assumer*. Il ne s'agit pas de nourrir des regrets ou de la nostalgie, mais de savoir clairement à quel stade nous sommes parvenus, pour pouvoir poursuivre notre route ou nous préparer à repartir si, pour une raison ou pour une autre, nous nous sommes arrêtés.

Pour personnaliser et concrétiser cette réflexion, nous vous proposons le test suivant.

TEST

J'IDENTIFIE MON PARCOURS PROFESSIONNEL

Voici 30 phrases présentant des situations professionnelles. Entourez la lettre correspondante chaque fois qu'une phrase exprime ce que vous pensez.

1 • Le métier que j'exerce correspond tout à fait à mes motivations . . . . A

2 • Je ne participe plus aux nouveaux développements de l'entreprise . . . . B

3 • J'ai moins de responsabilités . . . . B

4 • J'ai perdu mon savoir-faire et ma motivation C

5 • J'ai beaucoup travaillé en intérim et en CDD . . . . E

6 • J'ai changé d'entreprise au gré des opportunités . . . . E

7 • J'étais jeune quand j'ai débuté dans mon métier, je ne pensais pas y rester . . . . D

8 • Je fais toujours un métier qui m'intéresse . . . . A

9 • Je sais que j'ai encore une marge de progression . . . . A

10 • Je suis l'oublié des promotions . . . . B

11 • J'ai l'impression de servir de « bouche-trou » C

12 • Je ne me sens plus concerné par les projets de l'entreprise . C

13 • Mes nombreux changements d'entreprise ne m'ont pas permis de progresser en salaire . . . . E

14 • J'ai pris la voie de mon métier actuel par nécessité, non par intérêt. . . . . D
15 • Ce que je fais ne satisfait plus mes aspirations . . . . D
16 • J'ai progressé en salaire en changeant de société . . . . A
17 • Il n'y a pas d'évolution possible dans ma fonction. . . . . . . B
18 • Je ne fais plus mon vrai métier. C
19 • Je suis allé de poste supprimé en poste supprimé C
20 • J'ai connu des périodes de travail salarié et des périodes de travail indépendant . . . . E
21 • Mon métier ne correspond pas à ma formation initiale . . . . D
22 • Je suis entré dans mon métier pour suivre l'avis de mes parents. . . . . D
23 • Je suis resté dans le même métier et j'y ai progressé . . . . . A
24 • Je ne progresse plus dans mon travail . . . . B
25 • Je suis l'oublié des plans de formation. . . . . B
26 • Ma technicité et mon savoir-faire ne me servent plus. C
27 • J'ai exercé plusieurs métiers différents. . . . . E
28 • J'ai connu des périodes « sabbatiques » (voyages, activités personnelles) . . . . E
29 • Si j'osais, je « plaquerais » tout pour faire vraiment autre chose . . . . D
30 • Mon travail m'ouvre des perspectives de progression . . . . . A

RÉPONSES :

Vous comptez une majorité de A : PROGRESSION RÉGULIÈRE

À l'aise dans un métier qui correspond à vos aspirations, qui vous intéresse toujours, vous avez pu y évoluer de manière satisfaisante. Vous disposez donc d'une base favorable pour continuer à progresser : vous êtes en confiance et dans une dynamique de réussite.

Conseil : Il vous appartient maintenant de déterminer quel type de progression sera le vôtre : management, expertise, organisation, élargissement des compétences vers des métiers – ou des fonctions – connexes.

Attention : prenez garde à ne pas céder à la facilité. Veillez à ne pas vous cantonner (vous enfermer) à ce qui vous plaît (même si, pour le moment, cela vous réussit). Soyez attentif aux signaux avant-coureurs de changements (fléchissements ou simplement nouvelles orientations de votre entreprise, prémisses de crises ou de mutations dans votre secteur). Commencez à vous former pour acquérir les compétences qui vous font défaut (la gestion budgétaire pour un ingénieur chef de projet, par exemple, ou la connaissance d'un logiciel de gestion pour un responsable de ressources humaines…).

✔ *Affinez l'analyse de vos résultats. Repérez les phrases que vous avez cochées dans les autres catégories des réponses en B ou C :*

Soyez vigilant : ce sont peut-être des avertissements, des signes annonciateurs d'une impasse ou d'un risque de cassure dans votre parcours. Le sachant, il vous appartient d'anticiper pour éviter ces écueils. Des réponses en D doivent également vous inciter à la réflexion : êtes-vous sûr d'être dans la voie de vos aspirations et en accord avec vos convictions ? Des réponses en E peuvent indiquer, qu'après tout, changer d'activité ou de contexte est, pour vous, un bon moyen de progresser sans forcément constituer un handicap.

■ Vous comptez une majorité de B : IMPASSE

Vous avez le sentiment de stagner dans votre fonction, que ce que vous faites non seulement n'offre plus de possibilités d'évolution, mais, de surcroît, n'intéresse plus votre direction. Soit c'est votre fonction qui est devenue obsolète, soit elle ne trouve plus sa place dans les objectifs stratégiques de l'entreprise.

<u>*Attention*</u> : obsolescence, marginalisation... c'est ce qui risque d'arriver si vous ne vous êtes pas posé les bonnes questions à temps ! Attention aussi au « cercle vicieux » : plus on stagne dans ce genre de situation, plus il devient difficile d'en sortir.

<u>*Conseil*</u> : méfiez-vous de ce qui vous rassure, car c'est peut-être ce qui risque de vous enfermer. Comme, par exemple, être l'un des derniers spécialistes d'un domaine (technologie ancienne, logiciel en voie de disparition), ou bien rester chef d'un service fonctionnel dont il est plus ou moins question de sous-traiter l'activité. Vous pensez : mon entreprise a besoin de moi. Mais jusqu'à quand ? Pourquoi ne pas demander à faire un bilan de compétences pour trouver comment vous désenclaver, découvrir les fonctions nouvelles vers lesquelles vous pourriez vous diriger ainsi que les formations nécessaires pour vous remettre dans le sens de la marche de l'entreprise.

✔ *<u>Affinez l'analyse de vos résultats.</u> Repérez les phrases que vous avez cochées dans les autres catégories :*

Des réponses en A peuvent indiquer qu'il existe encore des possibilités de progression et d'ouverture. Identifiez-les de manière à réagir tant que cela est encore possible, et à ne pas vous enfoncer jusqu'au fond de l'impasse. Des réponses en C devraient vous conduire à une sérieuse remise en question : vous êtes en effet à la merci des changements d'organisation et des restructurations de l'entreprise. Essayez de changer tant que vous êtes en mesure de le décider (sinon, vous risquez d'y être contraint de toute manière). Idem pour D : si vos réponses sont sincères et réfléchies, alors vous n'êtes sûrement pas très « à l'aise dans vos baskets ». Réagissez ! E : de l'importance d'entreprendre un bilan pour vous situer enfin sur une trajectoire porteuse.

Vous comptez une majorité de C : CASSURE

Tout allait bien, vous semblait-il. Jusqu'au jour où... l'activité dans laquelle vous exerciez est transférée à l'étranger ; le projet dont vous étiez responsable est brusquement abandonné ; vos résultats ne sont pas estimés à la hauteur des objectifs fixés... bref, le bel édifice sur lequel reposait votre confiance, s'effondre. Conséquence : vous restez dans l'entreprise mais avec le sentiment (réel) d'être rétrogradé, d'être appelé sur des missions ou des responsabilités dont vous ne maîtrisez pas la technique (cadeau empoisonné ?). Il se peut même que le licenciement se profile, transactionnel ou non. Avec tout ce que cela implique pour vous de perte de confiance et de démotivation.

Conseil : Voir le paragraphe précédent. La cassure est bien souvent la suite logique de l'impasse. Mais il se peut aussi qu'on ne l'ait pas vue venir. À défaut d'avoir pu – ou su –

anticiper, attention à ne pas aller de poste déconnecté de vos vraies compétences à d'autres encore plus déconnectés comme de Charybde en Scylla. Ce n'est pas parce que, pour des raisons conjoncturelles, on vous a « nommé » à un poste de responsable formation – alors que vous étiez directeur des ventes – que vous devez désormais vous positionner dans cette nouvelle voie si elle ne vous convient pas. Battez-vous afin de retrouver votre vrai métier, celui pour lequel vous possédez encore toute votre force. Ne vous laissez pas enfermer dans ce que vous n'avez pas voulu. Sachez aussi, sur la base de cette expérience, enrichir votre panoplie d'atouts supplémentaires pour l'avenir.

✔ *Affinez l'analyse de vos résultats. Repérez les phrases que vous avez cochées dans les autres catégories :*

Des réponses en A sont toujours encourageantes : identifiez les possibilités de progression, d'ouverture et sachez saisir l'opportunité qui vous permettra de vous remettre en selle et de retrouver une trajectoire porteuse. Si vous avez des réponses en B et D, reportez-vous au paragraphe précédent et réagissez avant d'avoir perdu tout ressort et toute envie ! Des scores en E ? Il est temps de vous recentrer !

■ Vous comptez une majorité de D : DIVERGENCE

C'est une situation dont on ne se rend pas compte tout de suite mais seulement après quelques années, lorsqu'on perd l'envie, qu'on ne peut plus – ou qu'on ne veut plus –

progresser dans la voie que l'on suit. Que s'est-il passé ? Sans doute, et c'est assez classique, aviez-vous, tout jeune, des aspirations artistiques, humanitaires, sportives ou culturelles... aujourd'hui insatisfaites ! Peut-être avez-vous suivi, par pur intérêt intellectuel, des études universitaires qui n'ouvraient sur aucun débouché, si ce n'est le professorat. Par nécessité, par opportunité, vous êtes entré dans la vie professionnelle via des fonctions très éloignées de vos aspirations : vous avez fait de l'informatique, de la comptabilité, du droit... Vous y avez réussi, vous avez pu y progresser. Au début, vous avez même été très satisfait : vous étiez jeune et supportiez cet écart entre vos aspirations et la réalité professionnelle. Mais un écart, ça se creuse... Jusqu'au moment où vous commencez à mal vivre ce décalage de plus en plus grand. Vous n'êtes plus à l'aise dans votre travail, vous n'êtes plus satisfait, vous sentez que quelque chose va vous empêcher de progresser.

Conseil : En psychologie, c'est bien connu : malaise et insatisfaction sont des symptômes liés à des causes non élucidées. D'où l'importance pour vous de ne pas les refouler. Oui vous rêviez d'exercer tel métier, telle activité ; oui vous en ressentez toujours la nostalgie, sinon le manque ! Sachez-le : les compromis avec soi-même ne mènent à rien. Déterminez-vous, faites un choix et assumez-le. Par exemple :

- Vous êtes bien engagé professionnellement et vous avez atteint un certain niveau de responsabilité : vous avez fait un choix, ne le regrettez pas, valorisez-le. Et trouvez dans votre métier les opportunités, les passerelles créatives qui vous permettront de vivifier l'intérêt qui s'émousse.

– Vous craignez d'aller droit dans le mur comme on dit, ou vers une cassure ; vos rêves professionnels vous taraudent ; s'il n'est pas trop tard, investissez les complètement. Cela peut passer par une formation de reconversion. Sachez aussi que c'est souvent à ces occasions, lors de ces questionnements, de cette manière, que se révèlent des créateurs d'entreprise.

✓ *Affinez l'analyse de vos résultats. Repérez les phrases que vous avez cochées dans les autres catégories :*

Des réponses en A : la divergence entre vos aspirations et votre réalité professionnelle ne vous empêche pas de progresser. Sachez gérer l'écart – après tout on ne fait pas toujours ce qu'on avait rêvé de faire (il s'en faut même de beaucoup !). Des réponses en B et C peuvent indiquer que, justement, vous éprouvez de plus en plus de difficultés à « gérer » cet écart : soyez clair avec vous-même, établissez vos priorités. Des réponses en E : ne seriez-vous pas encore en train de vous chercher ? Pensez à faire un bilan de compétences.

Vous avez une majorité de E : ZIG ZAG

Jusqu'à présent, vous n'avez pas eu une carrière suivie, vous avez « zappé », que ce soit par goût de l'indépendance, esprit aventureux, instabilité (reconnaissons-le), ou bien parce que vous vous êtes cherché, ne sachant pas quelle était votre vocation, et ne parvenant pas à vous déterminer sur un métier. (Peut-être aussi, inconsciemment, n'avez vous pas voulu entrer dans le schéma qui conduit à la « DIVERGENCE » – voir plus haut). Il se peut aussi que vous ayez alterné périodes d'emploi salarié et périodes de travail indépendant, périodes dans le secteur associatif et périodes dans le secteur des entreprises industrielles ou marchandes. Enfin, vous avez pu connaître des périodes d'inactivité. Inactivité choisie : voyages, par exemple, ou subie : difficulté à retrouver un emploi.

Conseil : Si c'est votre choix, ne vous en excusez pas, assumez-le ! Un tel parcours professionnel, s'il est assumé, forge un caractère, démontre une capacité à se prendre en charge. (Pour ce qui concerne l'adaptabilité, contrairement aux apparences, c'est moins évident : vous avez surtout montré que vous êtes fidèle à vos valeurs et que vous avez refusé de vous adapter à certains standards d'entreprises).

Si ce parcours est la conséquence des circonstances, prenez-le à votre compte et assumez le aussi. Il vaut mieux montrer une conviction personnelle que se présenter comme une simple victime des événements.

Zig zag choisi ou subi, cherchez le fil rouge entre toutes vos expériences, les aspects et éléments communs d'un métier à un autre. S'il est identifié, ce fil rouge sera le fil conducteur de vos engagements professionnels de demain. Et votre atout sera – non pas votre adaptabilité, mais votre conviction.

✔ *Affinez l'analyse de vos résultats. Repérez les phrases que vous avez cochées dans les autres catégories :*

Des réponses en A peuvent indiquer que changer d'activité ou de contexte est votre mode de fonctionnement.

Pourquoi pas? Vous ne seriez pas forcément meilleur (bien au contraire même), en restant cloisonné dans un système unique.

Des réponses en B et C : Attention, c'est tout le contraire. A tâter de tout (volontairement ou par contrainte), vous ne débouchez sur rien. D'où l'importance d'identifier votre fil rouge, de trouver la trajectoire porteuse qui vous satisfera enfin sur le long terme.

Si vous avez des réponses en D, c'est que vous n'avez pas trouvé le type d'emploi, de société, de contexte, qui correspond à vos aspirations : n'êtes-vous pas trop exigeant ? Ou bien : vous êtes vous vraiment donné tous les moyens pour réaliser vos aspirations? Réfléchissez-y.

B. LE FIL ROUGE

Vous venez de repérer dans votre parcours professionnel, un certain nombre de points de progression et de points de blocage. Mais les repérer ne suffit pas. L'important est d'exploiter et développer les premiers, de surmonter ou contourner les seconds. Nous y reviendrons. Mais d'ores et déjà, voici quelques indications :

- Si vous progressez, soyez attentifs aux signaux (même minimes) qui peuvent être précurseurs de défaillances (comme lors d'un long parcours en voiture, vous jetez de temps à autre un œil sur votre jauge d'essence). Veillez également à continuer d'entretenir ce qui constitue votre potentiel. ***Pour progresser, il faut d'abord travailler ses points forts.***

– Si vous craignez d'être arrivé à une situation de blocage (impasse, cassure, divergence) et que vous souhaitez la dépasser, l'erreur serait de partir de ce qui ne marche pas. C'est vrai de la gestion de carrière comme de l'organisation d'entreprise ou du dépannage de systèmes techniques (merci au technicien qui m'a fait prendre conscience de cet aspect !) : la panne est une *conséquence*. S'attaquer à ce qui ne fonctionne pas conduit à changer un élément qui tombera de nouveau en panne (cassures successives). Remettre en état de marche durable un organisme en panne exige *d'****analyser la situation en amont et de repartir de ce qui a fonctionné*** *avant la panne en y apportant l'élément correcteur pour ne pas reproduire la même conséquence.*

Enfin, dans tout parcours professionnel, il existe un ***fil rouge.*** Celui-ci peut s'inscrire de manière visible dans une progression classique et régulière. Ce qui signifie que vos objectifs, vos aspirations personnelles, sont en phase avec l'environnement et l'orientation de l'entreprise. Ce fil rouge peut correspondre à des aspirations, des exigences personnelles qui s'inscrivent en filigrane dans les diverses étapes de votre vie professionnelle mais n'ont pas trouvé à s'inscrire dans les perspectives et les valeurs de l'entreprise. Peut-être parce que vous n'avez pas une idée claire de celles-ci et de leur adéquation possible avec vos propres perspectives et valeurs. Peut-être aussi pensez vous avoir erré au gré de circonstances et d'opportunités que vous ne reliez pas entre elles. Réfléchissez : même dans la difficulté et sous la pression, on ne fait pas n'importe quoi. On est toujours amené à faire des choix : **au pire, on sait toujours ce *qu'on ne veut pas faire.***

Peut-être votre fil rouge se cache-t-il derrière ce « front du refus » ?

Il est important que vous puissiez identifier ce fil rouge (c'est souvent un objectif majeur du bilan de compétences) car c'est à partir de cette clarification que vous saurez sur quelles bases construire vos objectifs.

C. LE PROJET

Quels que soient votre métier, votre situation, en activité ou en recherche d'emploi, en phase avec vos compétences ou vos aspirations, en recherche de reconversion ou en recherche de sens à votre vie professionnelle, vous êtes – comme tant d'autres – dans la nécessité de travailler pour vivre. Mais cette nécessité peut se transformer en réelle pesanteur lorsque vous effectuez un travail fastidieux. Elle prend même une tonalité dramatique en cas de crise, lorsque l'emploi est menacé et qu'il faut trouver un autre, par exemple. Or, c'est bien souvent dans de pareilles circonstances – lorsque vous êtes tout à cette préoccupation essentielle pour vous – que l'on vous demande : quel est votre projet ?

En 1999, j'écrivais[1] : *« En définitive, on se trouve souvent démuni et désemparé devant les nouvelles règles du jeu d'un marché de plus en plus exigeant. Aujourd'hui, les entreprises ne sont plus garantes de l'emploi. On demande à chacun de se déterminer lui-même et d'assumer son destin »*. La coach

1. « Faire un Bilan de ses Compétences ». Michel Gibert. Éditions Rebondir 1999

Myriam Ogier écrit[1] : « *Longtemps, les salariés ont pensé qu'être reconnu allait de soi, qu'il suffisait de s'investir dans l'organisation pour obtenir, en retour, les signaux correspondants* »... Et pourtant, quels que soient les raisons, justifications, alibis d'ordre conjoncturel, sociologique ou organisationnel, la notion de projet ne fait-elle pas partie de notre vie ? Comme l'écrivait Jean-Paul Sartre dans « L'existentialisme est un humanisme » : « *L'homme est d'abord ce qui se projette vers un avenir et qui est conscient de se projeter dans l'avenir* »...

Mais revenons à nos préoccupations d'emploi et d'évolution professionnelle. Subi ou souhaité, volontaire ou imposé, vous allez devoir effectuer un choix : continuer dans la même entreprise ; en changer ; rester à votre poste ; assumer de nouvelles responsabilités ; prendre de la distance par rapport à un travail stressant ; changer de région (ou y rester) pour progresser dans votre emploi ou pour des raisons familiales ; etc.

Vous pourrez opposer que, d'une certaine manière, ne rien faire c'est aussi un choix. C'est vrai... jusqu'au moment où, comme l'esquif au gré du courant, l'absence de gouvernail vous échoue sur les bancs de sable ou vous pousse vers des courants dangereux. Il faut alors réagir en catastrophe. Pourquoi ne pas prendre les rames – son destin – et aller de l'avant ? On a toujours intérêt à prendre son futur en mains, à anticiper, même (et surtout) si l'on veut se préparer des jours paisibles.

1. « Savoir se vendre en interne ». Myriam Ogier, Éditions d'Organisation 2003. 220 pages 19 €

Quelles sont donc vos perspectives ? Le test suivant va vous aider à expliciter les questions que vous vous posez confusément sur vos choix (ou non choix) personnels. Une fois vos choix explicités, vos réponses ne pourront plus rester implicites.

TEST

QUELLES SONT MES PERSPECTIVES PROFESSIONNELLES ?

Voici 15 paires de phrases. Pour chacune d'entre elles entourez la phrase qui correspond le mieux à ce que vous pensez. Déterminez-vous : n'entourez qu'une lettre sur les deux, même si les deux phrases vous correspondent. Choisissez celle qui s'éloigne le moins de votre pensée, si vous estimez qu'aucune des deux phrases ne vous correspond vraiment. Il est important de répondre à toutes les questions.

1 • Je cherche une situation stable .... A
Je veux continuer à évoluer .... B
2 • Je veux capitaliser sur ce que j'ai déjà fait .... B
Je veux prendre davantage de responsabilités C
3 • J'ai encore beaucoup de choses à apporter C
Il faut que je commence à penser à moi .... F
4 • Je veux me consacrer à ma famille .... F
Il est très important que je prenne un nouveau départ professionnel .... D
5 • Impératif N° 1 : me relancer professionnellement .... D
Impératif N° 1 : me recentrer sur mes objectifs .... E

6 • L'importreq pour moi, c'est une place stable .... A
L'important pour moi, c'est la progression de mes responsabilités C

7 • Je cherche une progression harmonieuse de ma carrière ... B
Je cherche à avoir un travail moins prenant............ F

8 • L'important pour moi est de monter en puissance........ C
L'important pour moi est de redémarrer................ D

9 • Il faut que je lève le pied .... F
Il faut que je cesse de m'éparpiller.................. E

10 • J'ai besoin de trouver une place stable .... A
J'ai besoin de respirer .... F

11 • Je reste sur ma trajectoire .... B
Je prends un nouveau départ.......................... D

12 • Je cherche à « booster » ma carrière.................. C
Je dois me recentrer................................. E

13 • Mon objectif : trouver l'entreprise où rester.......... A
Mon objectif : prendre un nouveau départ.............. D

14 • Je cherche un point de chute .... A
Je cherche le cœur de ma motivation .... E

15 • Je poursuis dans ma voie .... B
Je n'ai pas encore vraiment trouvé ma voie .... E

RÉSULTATS

Notez votre score le plus important. Il indique votre **PERSPECTIVE MAJEURE**. Le score secondaire indique vos MODALITÉS PERSONNELLES.

A = 3
B = 4
C = 5
d = 1
e 2

■ PERSPECTIVE A :

Vous recherchez avant tout la stabilité, la sécurité de l'emploi.

✓ SCORES SECONDAIRES :

B : Votre recherche de stabilité (de sécurité) s'accompagne d'un désir d'évolution personnelle.

C'est une bonne chose, car vouloir être stable sans évoluer, c'est prendre le risque de la sclérose, de l'obsolescence. Et donc de se trouver à la merci des revirements et des changements d'orientations commerciales et politiques de l'entreprise.

C : Vous voulez trouver à la fois la stabilité de votre emploi et une progression en termes de responsabilités.

Pourquoi pas ? C'est tout à fait souhaitable et recherché par les entreprises (qui n'apprécient pas nécessairement les individualistes trop ambitieux ni les « chasseurs de primes »). Encore faudra-t-il vous donner les moyens de vos ambitions, ne pas tout attendre de l'entreprise et surtout pas la « promotion à l'ancienneté ».

D : Rechercher la stabilité et vouloir redémarrer.

Réflexe salutaire si vous vous voulez sortir d'une période d'inertie, de perte d'efficacité ou de confiance, ou si percevez qu'il est temps de « vous y remettre pour ne pas passer à la trappe ». Mais n'en restez pas au stade des velléités : donnez-vous les moyens de ce redémarrage (et la volonté, car il en faut).

E : Rechercher la stabilité et se recentrer.

C'est sûrement votre cas si vous venez de vivre une période d'instabilité (plusieurs entreprises) ou si vous avez l'impression de vous être éparpillé dans des fonctions successives sans axe de progrès. Il va vous falloir du courage, vous donner les moyens... et convaincre ! (*reportez-vous au chapitre 5 : « Mes blocages »*).

F : La stabilité avec la possibilité de « souffler », de « lever le pied ».

Aspiration légitime que l'on peut – encore – satisfaire dans de très grosses structures (et dans la fonction publique)... Mais attention : ne vous endormez pas, ne vous abandonnez pas à une fallacieuse impression de sécurité. Ce « besoin de souffler » est peut-être passager. Gérez-le, et soyez attentif aux signaux de l'entreprise, sinon le réveil risque d'être difficile.

■ PERSPECTIVE B :

Vous cherchez à évoluer : capitaliser sur vos acquis, élargir vos compétences et poursuivre sur votre trajectoire.

✔ SCORES SECONDAIRES :

A : Vous recherchez évolution professionnelle *et* stabilité.

C'est à votre évolution que vous donnez la priorité. Si vous êtes en poste, bien évidemment jouez cette carte et donnez-vous en les moyens : renforcement et élargissement des compétences, communication interne auprès de vos hiérarchies. Le cas échéant n'hésitez pas à chercher *ailleurs* ce qu'une situation stable ne peut plus vous offrir mais qui pourtant correspond à vos aspirations.

C : Évoluer et monter en puissance.

C'est logique. À noter qu'en plus de l'intérêt que vous portez à ce que vous faites, il y a chez vous un « challenge personnel » fort. Soyez donc ambitieux, fixez la barre assez haut, mais restez réaliste : pas *trop* haut. Et, comme on dit dans le sport, « travaillez le foncier » pour ne pas vous épuiser et pour pouvoir tenir dans la durée (la réussite y aide !)

D : Vous souhaitez à la fois poursuivre votre évolution professionnelle et redémarrer.

Ce n'est peut-être pas aussi contradictoire qu'il y paraît si, en effet, vous êtes attaché à votre évolution et que celle-ci a été freinée ou contrariée. Cela implique que vous réfléchissiez sérieusement à votre véritable voie pour éviter de cheminer en « zigzag » ou de vous engouffrer dans une impasse. Un bilan de compétences peut vous aider à mener cette réflexion.

E : Vous souhaitez poursuivre votre évolution professionnelle et vous recentrer.

C'est un peu le même constat que le paragraphe ci-dessus. Une chose est claire : si tel est votre cas, réagissez ! Vous en êtes conscient, à vous de vous consacrer à votre recentrage.

F : Poursuivre votre évolution en « levant le pied » !

N'est-ce pas un peu contradictoire ? Ou idéaliste ? Au fond, vous aimeriez bien faire ce qui vous plaît, à votre rythme… Il y faut beaucoup de talent. À ce jeu, vous risquez, à terme, de ne plus vraiment faire ce qui vous plaît !

■ PERSPECTIVE C :

Vous voulez monter en puissance, prendre davantage de responsabilités.

✔ SCORES SECONDAIRES :

A : Vous voulez monter en puissance tout en restant stable.

Votre ambition s'inscrit dans la fidélité à l'employeur. Sans doute avez-vous besoin de vous reconnaître dans les valeurs de l'entreprise. Vous avez également besoin d'être reconnu. Sachez faire ce qu'il faut pour que l'image que l'on a de vous soit la bonne. Pour évoluer et ne pas être victime d'une « étiquette » (*Reportez vous au chapitre 7*).

B : Votre souhait : monter en puissance dans une évolution professionnelle harmonieuse.

Cela veut dire ambition doublée d'aspirations qualitatives. Si la structure, la culture d'entreprise qui vous salarie (ou vers laquelle vous postulez) le permet, tant mieux. Sinon, vous devrez vous « blinder » et apprendre à vous imposer même quand tous les paramètres que vous recherchez ne sont pas réunis (ce qui est souvent le cas).

D : Vous souhaitez prendre plus de responsabilités alors que vous redémarrez.

Ce n'est ni contradictoire ni insurmontable, bien au contraire. C'est même souvent l'attitude qu'il faut adopter pour sortir d'un incident de parcours (licenciement, « placard ») : vous possédez des compétences, des acquis, des résultats, valorisez-les pour vous remettre sur une trajectoire de progression. Ce n'est pas en ciblant « moins qualifié » que la dernière fonction occupée que l'on est crédible *(Reportez vous au chapitre 5)*.

E : Votre perspective est à la fois de progresser en responsabilités et de vous recentrer.

Posez-vous la question : vous avez peut-être progressé par opportunisme, mais votre ambition repose-t-elle aujourd'hui sur des bases professionnelles solides ? Pour peu que vous poussiez l'analyse, vous vous rendrez sans doute compte que votre priorité immédiate est plutôt au recentrage. À partir de quoi vous pourrez vraiment progresser et de façon durable.

F : Vous voudriez progresser, assurer davantage de responsabilités et, en même temps, « lever le pied », alléger votre charge.

Sérieusement, n'est-ce pas utopique ? Soyez honnête vis-à-vis de vous-même, faites un choix clair (dans un sens ou dans l'autre), assumez-le et cessez de courir après les chimères.

PERSPECTIVE D :

Vous sentez que vous devez repartir, donner une nouvelle impulsion à votre carrière.

✔ SCORES SECONDAIRES :

A : Vous souhaitez redémarrer et vous « caser ».

Peut-être venez-vous de traverser une période difficile, une rupture, un échec. Pour ne pas redémarrer dans l'incertitude, c'est sur votre point de chute que doit se porter votre attention : votre futur employeur (votre futur service) sera-t-il à même de vous procurer la stabilité : pérennité du secteur, adéquation avec vos compétences, votre personnalité, vos aspirations ?

B : Vous voulez (ou devez) redémarrer mais vous souhaitez également poursuivre dans votre voie.

Avez-vous connu un accident de parcours ? En tout cas, vous souhaitez capitaliser sur vos acquis, rester dans un secteur qui vous convient, un métier qui vous plaît. Votre stratégie : rechercher les types d'entreprises et de services où vous pourrez effectivement capitaliser (c'est un de vos facteurs de succès).

C : Vous voulez (ou devez) redémarrer et, en même, temps monter en puissance et en responsabilités.

Pour vous, c'est effectivement redémarrer qui est le plus important. Donc n'inversez pas l'ordre des facteurs. Même si par nécessité il vous faut redescendre de quelques échelons pour retrouver la bonne trajectoire, faites le sciemment et, surtout, sans vous dévaloriser.

E : Vous devez redémarrer et, en même temps, vous recentrer.

C'est le grand tournant ! Et cela mérite le temps de la réflexion. Si votre situation matérielle le permet, ne sautez pas sur la première opportunité qui se présente. Faites un bilan de compétences pour définir votre voie et vos motivations.

F : Vous voudriez redémarrer tout en levant le pied.

Il y a peut-être une explication à votre attitude : vous venez de prendre un grand coup au moral. Un fort investissement de votre part suivi d'un échec, peut-être ? Dans tous les cas, vous ne voulez plus revivre cela. Et vous avez raison : attention à ne pas vous laisser entraîner dans la spirale de la désillusion. Ressourcez-vous ! Le cas échéant, faites une « pause sabbatique » si vous le pouvez. Et retrouvez *l'envie* de faire et d'avancer !

■ PERSPECTIVE E :

Vous avez peut-être connu plusieurs expériences professionnelles, fait des choses disparates... vous sentez la nécessité de vous recentrer.

✔ SCORES SECONDAIRES :

A : Vous devez vous recentrer et vous avez envie de vous stabiliser.

Peut-être venez-vous de traverser une zone de turbulences, une période d'instabilité. Peut-être n'avez-vous jamais découvert ce que vous souhaitiez réellement faire. Si vous voulez vous stabiliser, l'important est maintenant de déterminer vos choix et, sans doute, d'être plus patient, de savoir faire des concessions. Dîtes-vous qu'on ne peut jamais avoir *tout* ce que l'on désire en même temps.

B : Vous devez vous recentrer et vous voulez poursuivre dans votre voie.

... Mais prenez garde à ce que cela ne vous mène pas à poursuivre dans l'errance ! Réfléchissez : n'avez-vous pas eu, jusqu'ici, *trop* d'exigences personnelles ? Ce qui expliquerait que vous n'êtes pas parvenu à déterminer et à trouver le type de situation professionnelle qui vous aurait donné plus de stabilité... Il arrive un moment où il faut faire des choix et s'y tenir.

C : Vous devez vous recentrer mais vous voulez aussi monter en puissance et en responsabilités.

Il vous sera quand même difficile de progresser comme vous le souhaitez si vous n'êtes pas stabilisé et si vous vous cherchez encore. Vous risquez d'aller au-devant d'échecs. Une attitude qui pourrait bien vous transformer en « contestataire » non constructif. Ne vous trompez pas d'objectif : trouvez d'abord votre « centre de gravité ». À partir de quoi vous pourrez construire.

D : Perspective : vous recentrer et redémarrer.

Après des périodes d'incertitude (et d'échecs ?) c'est bien dans cet ordre-là qu'il convient de poser le problème. Ce n'est qu'après avoir trouvé votre « cœur de motivation » que vous pourrez efficacement redémarrer. Un bilan de compétences peut vous y aider.

F : Vous sentez qu'il faut vous recentrer et en même temps vous voudriez « lever le pied ».

Votre attitude n'est-elle pas velléitaire ? Ressaisissez-vous, ou alors acceptez les conséquences de votre comportement. Mais il se peut aussi que vous soyez fatigué et qu'une pause s'avère nécessaire. Faites donc cette pause et profitez-en pour réfléchir à vos motivations réelles.

■ PERSPECTIVE F :

Vous avez envie de « lever le pied ». Vous n'avez plus envie de vous investir « corps et âme » dans l'entreprise, vous voulez « du temps pour vous »[1]

✔ SCORES SECONDAIRES :

A : Vous voulez « lever le pied » et « vous caser ».

Allons ! Même les grandes entreprises n'offrent plus de « rentes de situation » de nos jours ! Réfléchissez plutôt à ce qui vous fait vraiment envie pour ne pas vivre le travail uniquement comme une contrainte.

B : Vous voulez « lever le pied » et poursuivre dans votre voie.

Si vous êtes en poste et que vous êtes connu, apprécié et efficace dans votre partie, admettons. Tout le monde ne court pas après l'ambition et la carrière. Mais ne vous endormez pas. Faites en sorte de continuer à être connu, apprécié, efficace.

1. Si c'est votre cas, sachez qu'un tel objectif, comme tout autre, se prépare, s'argumente et se construit. Lisez : Marie VENHORST « Je veux du temps pour moi ! ». Éditions d'Organisation. 2002

Sinon, gare à la marginalisation et aux voies dites de garage qui mènent droit à l'impasse ou au placard.

C : « Lever le pied et monter en puissance » ?

Désolé, les promotions automatiques à l'ancienneté, cela n'existe plus ! Ne vous plaignez pas si les responsabilités auxquelles vous aspirez sont prises par d'autres et des plus jeunes (ce ne sera pas seulement parce qu'ils ont des diplômes !).

D : Vous avez besoin de « lever le pied » et vous voulez redémarrer.

Vous avez sans doute besoin de faire une pause (vous avez beaucoup donné de vous-même, vous êtes un peu « cassé », déprimé). Donnez-vous le temps d'une pause. Mais uniquement dans l'objectif de repartir... à plein régime (mais vous aurez rechargé vos batteries) !

E : Vous avez besoin de « lever le pied » et de vous recentrer.

C'est le moment des grandes réflexions sur le sens du travail et sur le sens de la vie ! Faites-vous aider dans cette réflexion : vous allez faire un choix crucial.

Synthèse :

Qu'elle soit favorable ou défavorable, votre situation d'aujourd'hui n'est pas définitive. Elle ne peut pas l'être puisque vous êtes vous-même en devenir, que l'entreprise est évolutive et que la société change. Sachez cependant que si l'on est souvent tenté d'accuser les circonstances (un marché de l'emploi morose, une conjoncture incertaine...), c'est de son action – ou de son inaction – que dépend en grande partie ce que l'on fera demain.

D. TOUT TRAVAIL EST PORTEUR DE CRÉATIVITÉ

On est souvent enclin à penser que certains métiers sont, par essence, créatifs. Et, par conséquent, que d'autres le sont moins voire pas du tout. Il est vrai que dans les structures, dans l'organisation des entreprises, certaines fonctions sont dédiées à la conception, d'autres à la production ou à la vente. Ainsi, dans la catégorie des métiers dits créatifs, on classera spontanément les métiers artistiques, le design, le laboratoire de Recherche et Développement, la publicité, par exemple. Dans l'autre catégorie, on aura tendance à classer la comptabilité, la gestion de production, la logistique, ou l'administration. Pourtant, **nous ne devons pas confondre l'objet d'un métier avec la manière de l'exercer.**

Un métier artistique n'est pas toujours créatif ni autonome. Qu'on pense au musicien d'un orchestre symphonique : il doit jouer les notes, rien que les notes mais toutes les notes, avec la hauteur et le tempo imposés par le chef. Dans un laboratoire de Recherche et Développement, certains techniciens se contentent de rentrer des données techniques, informatiques, avec un maximum de rigueur et en évitant toute extrapolation. En revanche, un responsable logistique tiendra-t-il sa fonction s'il ne fait que suivre un mode opératoire et s'il n'intervient pas dans la gestion des imprévus (et Dieu sait s'il y en a !) ni dans l'optimisation des moyens mis à sa disposition ? Que fait un responsable de production ? Au démarrage d'une production nouvelle, il adapte et transmet à ses équipes les procédures issues du bureau des méthodes (avec lequel il s'est préalablement battu pour rendre les process utilisables sur le terrain). Tous les matins il doit trouver des solutions pour pallier l'absentéisme sur les chaînes, les ruptures d'approvisionnement et les lots défectueux, afin d'assurer la sortie du produit en quantité, délai, qualité.

Même les fonctions administratives recèlent une part de créativité importante : un DRH n'est-il pas en permanence conduit à trouver des idées : monter un plan de formation, établir un référentiel de compétences pour gérer les évolutions du personnel, mettre en place un plan de restructuration qui respecte l'ensemble des salariés et ne lèse personne. Ne passons pas sous silence la dimension prospective du contrôle de gestion : analyser les résultats existants et les perspectives de développement de l'entreprise pour établir les lignes budgétaires de chaque division, service ou entité. Et même celle du comptable qui ne fait pas qu'aligner les chiffres : il lui appartient de construire des tableaux, des indicateurs, pour communiquer ces chiffres de manière opérationnelle à sa direction. Que fait un responsable qualité ? Il met en place une organisation, des procédures, qui s'inscrivent dans le sens des progrès attendus de l'entreprise.

Nous pourrions multiplier les exemples : **toute fonction dans l'entreprise est porteuse de créativité.** Dans le cas contraire, cela voudrait dire que la fonction ne sert à rien, puisque l'objectif de l'entreprise est toujours de créer, de produire des biens et des services. Bien sûr, selon le contexte, la dimension créative est plus ou moins développée : certaines entreprises encouragent le potentiel créatif de chacun, d'autres moins. On peut aussi penser que cette dimension créative est affaire de niveau hiérarchique et, qu'à certains échelons d'exécution, elle n'est ni demandée ni même appréciée. Voire. Un patron peut très bien souhaiter de son assistante qu'elle soit autonome, qu'elle conçoive une nouvelle méthode de classement des dossiers... Le technicien de laboratoire de recherche et développement dont nous parlions plus haut peut également proposer une manière de faire qui évite de rentrer trois fois la même donnée (ce que n'avaient pas prévu les ingénieurs concepteurs qui ne sont pas sur le terrain : tout process peut toujours être amélioré).

Dans tous les cas, lorsqu'on considère l'exercice d'une fonction quelle qu'elle soit, le travail n'est pas tout tracé. *« Qu'il s'agisse de réparer une panne de machine de conditionnement ou, pour le guichetier, d'être à l'écoute du client qui lui demande conseil, il y a à innover »*, écrivent Jean-Pierre Doly et François Monconduit qui ajoutent : *« L'on voit bien ce qui se passe quand un individu en remplace un autre, la même fonction n'est plus exercée de la même manière (...). Les nécessités de l'organisation requièrent une part d'uniformité et de prévisibilité dans l'exercice des fonctions, et la part laissée à la contribution de chacun, qui tout à la fois lui permet de s'y affirmer et enrichir l'entreprise d'un apport que personne d'autre n'offrira »*.[1]

Enfin, ne perdons pas de vue que la finalité de l'entreprise c'est le produit, ou le service (et le profit à en retirer) et que **le travail n'est pas ce qui est déjà fait, mais *ce qui va être fait*.**

En synthèse projective de ce premier chapitre et après avoir analysé votre parcours, vos perspectives générales

1. Jean-Pierre Doly, François Monconduit : « L'entreprise entre contrainte et liberté » – L'Harmattan, 1995

(et ce que l'on peut en tirer), nous vous proposons de réfléchir à vos « orientations mentales » à travers le test suivant.

TEST

QUELLE EST MON ORIENTATION MENTALE ?

Vous êtes plutôt logique ou intuitif ? Plutôt introverti ou extraverti ? Et en quoi cela est-il déterminant de vos orientations professionnelles ? Ce test pourra vous donner une première lecture de ces orientations. À vous d'y réfléchir.

Voici 16 situations suivies de deux réponses possibles. Choisissez parmi ces deux réponses celle qui, d'une manière générale, correspond le mieux à ce que vous faites, ou à ce que vous pensez. Certes, la réalité est toujours nuancée et dans les situations réelles votre réponse – votre attitude – sera souvent un mélange des deux propositions. Néanmoins, pour ce test, déterminez-vous pour faire un choix.

Pour répondre, entourez la lettre de la phrase choisie.

Travaillez de manière rapide et spontanée.

QUESTIONS

1 • Dans mes loisirs, j'aime :

I – Lire

E – Recevoir des amis.

2 • Les tests de logique :
G – En général je les réussis assez bien
D – Je suis nul

3 • J'aime le travail de :
I – Recherche
E – Commercial

4 • J'aime le travail de :
G – Gestion
D – Création

5 • Dans mon travail, j'aime :
I – Trouver des idées
E – Diriger une activité

6 • J'aime lire :
G – Des revues d'économie
D – Des livres de psychologie

7 • On dit de moi que je suis :
I – Réfléchi
E – Actif

8 • Ce qui me caractérise le plus :
G – Je suis très organisé
D – J'ai des idées originales

9 • Durant mes études, j'étais plutôt :
I – Silencieux
E – Bavard

10 • Ce qui me caractérise le plus :
G – Je ne me fie pas aux intuitions
D – À certains moments, je pense que j'ai des prémonitions

11 • Dans mes recherches d'emploi :
I – Je préfère écrire de manière très ciblée
E – Je multiplie les contacts téléphoniques

12 • On dit de moi que je suis :
G – Raisonnable
D – Sensible

13 • Pour faire avancer un projet, je privilégie :
  I – L'organisation
  E – Le relationnel entre les différents acteurs

14 • Dans mes vacances, j'apprécie :
  G – Les activités sportives
  D – La beauté des paysages

15 • Dans mes loisirs, je préfère :
  I – Dessiner
  E – Faire du sport

16 • Les matières que je préférais durant mes études :
  G – Les maths
  D – La philo

DÉPOUILLEMENT

■ Les scores G et D donnent l'orientation de votre *mode de raisonnement.*

Une majorité de **G** indique une prééminence des réponses dictées par le cerveau **G**auche, c'est-à-dire privilégiant le raisonnement logique, l'objectivité.

Une majorité de **D** indique une prééminence de réponses dictées par le cerveau **D**roit, c'est-à-dire privilégiant l'intuition, la sensibilité.

■ Les scores E et I donnent l'orientation de votre *mode de relation avec l'environnement.*

Une majorité de **E** indique un caractère **E**xtraverti, c'est-à-dire tourné vers l'action avec l'environnement et les activités relationnelles.

Une majorité de **I** indique un caractère **I**ntroverti, c'est-à-dire tourné vers l'introspection et la réflexion.

- **Pour lire vos résultats, vous allez combiner les scores majoritaires de G ou D avec les scores majoritaires de E ou I.**

RÉSULTATS (1)

1 – Vous avez une majorité de G *et* de E

– Vous êtes rationnel, objectif, logique. Vous appréciez les données rationnelles et vérifiables, les résultats tangibles (soit parce que vous êtes très sensible à la technique, à l'aspect productif du travail, soit parce que vous avez un comportement matérialiste).

– Vous êtes extraverti, à l'aise dans l'action et dans les contacts. Actif, vous privilégiez le mouvement à la réflexion.

<u>Orientation</u> : Ce profil peut vous orienter vers des responsabilités de direction opérationnelle (Production, gestion) – surtout si G est très fort – ou vers des responsabilités de direction commerciale – surtout si E est très fort.

<u>Conseil</u> : *Si G et E sont également très forts, attention à trop de matérialisme : laissez aussi parler votre intuition et votre sensibilité.*

2 – Vous avez une majorité de G *et* de I

- Vous êtes rationnel, objectif, logique, vous vous attachez aux données rationnelles et vérifiables, aux résultats tangibles (soit parce que vous êtes très attaché à la technique, à l'aspect productif du travail, soit parce que vous avez un comportement matérialiste).
- Vous êtes introverti, plutôt tourné vers la réflexion, la rigueur, le travail de précision et de contrôle. Vos contacts peuvent être bons, mais ce n'est pas nécessairement vous qui allez au devant.

Orientation : Selon que vous êtes personnellement attiré par la réflexion, la rigueur et le contrôle, ce profil peut vous orienter vers des responsabilités de : Recherche et Développement, Comptabilité, Contrôle Qualité, par exemple.

Conseil : Si I est très élevé, attention à ne pas vous enfermer dans votre travail (même si la technicité vous plaît – et surtout si c'est un moyen de vous protéger d'un relationnel difficile).

RÉSULTATS (2)

3 – Vous avez une majorité de D *et* de E

- Vous êtes plutôt intuitif, éventuellement créatif, vous laissez vos sentiments s'exprimer, y compris dans le travail intellectuel. Vous préférez lancer des idées que compiler des données.
- Vous êtes extraverti, à l'aise dans l'action et dans les contacts. Actif, vous privilégiez le mouvement à la réflexion.

Orientation : Ce profil peut vous orienter vers des métiers relationnels d'écoute, de conseil, d'aide aux autres : domaines du social, de la psychologie, de la formation par exemple.

Conseil : Attention à la subjectivité qui nuit à l'écoute : le conseil, les ressources humaines, c'est aussi savoir rester neutre et objectif.

4 – Vous avez une majorité de D *et* de I

- Vous êtes plutôt intuitif, éventuellement créatif, vous laissez vos sentiments s'exprimer, y compris dans le travail intellectuel. Vous préférez lancer des idées que compiler des données.
- Vous êtes introverti, plutôt tourné vers la réflexion, la rigueur, le travail de précision et de contrôle. Vos contacts peuvent être bons, mais ce n'est pas nécessairement vous qui allez au devant.

Orientation : Ce profil peut vous orienter vers des métiers de réflexion, d'études et de recherche. Selon votre profil, votre formation (scientifique – artistique et littéraire), vous pourrez être : chercheur dans un laboratoire – créatif dans le domaine du design ou de la publicité par exemple.

Conseil : Attention à la rêverie : la réflexion, l'esprit créatif, demandent de la discipline et de la rigueur pour s'inscrire dans le concret et déboucher sur des réalisations.

CHAPITRE 2

MOI ET MON ENTREPRISE : UN SYSTÈME INTERACTIF

« J'ai mes valeurs. Mon entreprise a les siennes. Et je ne suis pas certain que les unes et les autres puissent aller de pair encore très longtemps. Reste à savoir au sein de quelle structure je peux m'épanouir... En fait, c'est le monde du travail qui a changé »

Pendant un temps, nous avons vécu et travaillé dans un univers économique perçu comme immuable, dans lequel les entreprises étaient des entités stables. On raisonnait alors en termes de carrières, d'organigrammes prévisionnels. Et pour ceux qui ne pouvaient pas évoluer, la pérennité de la structure permettait de trouver des solutions dans des postes administratifs ou fonctionnels

« taillés sur mesure » (voire dans des « placards », mais la pérennité de l'emploi était assurée). D'une certaine manière, même les petites entreprises bénéficiaient de cette confiance en l'avenir qu'offrait un environnement économique stable. Dans la mesure où les grandes entreprises produisaient régulièrement, les sous-traitants, les fournisseurs, voyaient leur charge de travail assurées et les PME qui gravitaient dans cette constellation profitaient de ce courant.

Les révolutions technologiques (informatisation, internet), l'accélération des mutations structurelles (mondialisation, obsolescence accélérée des nouvelles technologies comme les télécoms), la pression de plus en plus forte des actionnaires (ces fameux « fonds de pension » dont on ignorait l'existence en France il y a dix ans), et les accidents économiques dus aux secousses socio-politiques (terrorisme)... ont sérieusement brouillé la perception (fallacieuse) que l'on avait de la souveraine pérennité des entreprises (et donc des emplois).

A. L'INTERACTION INDIVIDU/ENTREPRISE

Vous évoluez, les entreprises évoluent. Les deux sont liés. Ce sont les hommes qui font l'entreprise, l'entreprise façonne les hommes. Cette interaction ne s'opère pas selon un schéma simpliste et univoque du genre : « L'entreprise va bien, les hommes progressent. L'entreprise est en crise, les emplois et les évolutions de carrière sont en crise. » Il s'agit d'un jeu d'interactions complexes et il y a des règles à connaître à partir desquelles chacun peut développer sa propre stratégie.

Pour aborder ce chapitre, nous nous inspirons des travaux essentiels que Jacques Limoges a menés à l'université de Sherbrooke, au Canada, sur l'insertion professionnelle[1] au cours desquels il a développé **le modèle du « Trèfle Chanceux », que nous préférerions appeler le « Trèfle Gagnant »,** car ce n'est justement pas la chance qui intervient, mais le résultat de son travail, de sa créativité[2]. Trèfle pourquoi ? Parce que **la réussite de l'insertion professionnelle – et nous ajouterons : de l'évolution professionnelle – est au cœur de l'interaction de quatre facteurs** dont il faut tenir compte simultanément (représentés par les auteurs sous la forme de quatre cercles liés les uns aux autres) :

- **Soi** : ses compétences, ses motivations, son parcours, son (ses) projet(s).
- **L'entreprise** : Le type, la taille, le domaine d'activité, les valeurs, les perspectives.
- **L'environnement socio-économique** : Conjoncture générale, conjonctures particulières (secteur d'activité, situation géographique...).
- **Les moyens, les méthodes** : Comment s'y prendre pour retrouver un emploi, pour évoluer dans son emploi. Nous mettrons dans cette rubrique tout ce qui a trait à la communication.

1. Jacques Limoges et coll. « Trouver son travail ». FIDES, Montréal 1987. Jacques Limoges et coll. – « Réussir son insertion professionnelle ». GGC, Montréal. 1997
2. L'idée du « Trèfle gagnant » a été développée par Michel Gibert et Nicole Kergall pour le séminaire cadres « conduite de projet » qu'ils co-animent au sein de BPI.

a. Soi

Trouver un emploi, évoluer dans son entreprise... pour y parvenir, il faut déjà être au clair sur ses compétences, sur ce qui émane de son parcours ; ce qui nous a fait progresser, ce qui nous bloque ; sur nos aspirations ; ce que nous avons envie de faire, ce que nous n'avons pas (ou plus) envie de faire ; sur nos objectifs et sur nos perspectives. Nous vous proposerons au chapitre 3 une méthodologie qui vous permettra d'identifier vos axes de progrès à partir de la récapitulation du parcours professionnel.

Mais un projet personnel, une élaboration d'objectif, n'ont pas de sens dans l'absolu, s'ils sont déconnectés de la réalité de l'entreprise et du contexte environnemental socio-économique. Comme l'écrivent Jean-Pierre Doly et François Monconduit : *« Si fortes soient les demandes des salariés vis-à-vis de l'entreprise et si profonde soit leur implication dans le travail – quand du moins elle est acquise –, ils n'en restent pas moins des salariés qui ne sont pas propriétaires des instruments de production et qui demeurent toujours exposés à la perte de leur emploi. Comme tels, ils restent soumis à des décisions stratégiques qui ne sont pas les leurs et à une organisation du travail qui, si évoluée soit-elle, ne pourra jamais répondre à toutes leurs aspirations »*[1]

Il ne s'agit donc pas d'attendre que vos compétences soient simplement reconnues (à travers un CV ou par votre appartenance à l'entreprise), mais de construire votre

1. Jean-Pierre Doly, François Monconduit. « L'entreprise entre contrainte et liberté ». L'Harmatan.

stratégie personnelle qui passera par un travail de communication. Nous le développerons en deuxième partie : « Convaincre ».

b. L'entreprise

Le type d'entreprise, sa taille, sa structure, son domaine d'activité, ses valeurs, ses perspectives, sont les points incontournables à l'intérieur desquels s'inscrit le projet personnel. Et, dans une grande mesure, ils le déterminent. Même à fonction équivalente, chaque entreprise embauchera des profils différents : plus junior, plus senior, plus technicien, plus manager, plus commercial... Les évolutions de carrière seront différentes aussi selon que l'on travaille dans une petite structure – où l'on accède assez rapidement à des responsabilités importantes mais où les possibilités d'évolution sont limitées – ou dans un grand groupe aux activités diversifiées où les responsabilités sont cloisonnées, mais où les possibilités de changement et de promotion sont importantes.

Nous le verrons également au cours des prochains chapitres, il est important de connaître les perspectives de l'entreprise et celles qu'elle peut vous offrir pour postuler, vous y situer, y progresser.

Il est aussi important de connaître son style, sa personnalité et ses valeurs. Tous ces indices sont déterminants pour les salariés en activité comme en recherche d'emploi, en période de remise en question ou de changement d'orientation. Combien de fois avons-nous entendu : *« Pour rien au monde je n'irais travailler dans ce secteur. »* ; *« Je ne pourrais pas travailler dans une entreprise qui ne me laisse aucune autonomie »* ; En interne, cela donne : *« Je possédais les compétences exigées pour postuler dans tel service, mais je n'ai pas voulu, tant l'ambiance y est mauvaise »* ; *« Ce n'est pas le moment d'aller dans tel département, l'activité doit être externalisée »*.

Comme le rappelle Maurice Thévenet[1] : « Il existe trois conditions nécessaires, bien connues et qui sont à la base de toute réflexion sur les relations humaines :

- COHÉRENCE : comment m'impliquer dans une institution que je ne comprends pas, tellement elle envoie de messages contradictoires, tellement elle agit de façon imprévisible ; dans le doute, abstiens-toi !
- RÉCIPROCITÉ : comment m'impliquer dans une entreprise que je ne sens pas s'impliquer vis-à-vis de moi. (...)
- APPROPRIATION : comment m'impliquer dans quelque chose où je ne me reconnais pas, dans quelque chose que je ne me suis pas approprié, que je n'ai pas fait mien. »

C. L'environnement socio-économique

L'activité professionnelle, l'activité de l'entreprise, s'inscrivent dans le cadre, plus vaste, de la conjoncture économique nationale et, de plus en plus, internationale. Conjoncture qui connaît des fluctuations accélérées et dont il faut tenir compte. Ainsi, les tensions sur les pays producteurs de pétrole, le cours du dollar, de l'euro, les épidémies, le terrorisme avec lequel il faut désormais vivre, impactent l'économie d'un pays, voire d'un continent et même du monde. Idem du développement de nouvelles

1. Maurice Thévenet. « Le Plaisir de Travailler ». Éditions d'Organisation, 2000

technologies qui peut provoquer des embellies aussi spectaculaires et rapides que la dépression qui suit. Ainsi encore, l'élargissement de l'Europe vers l'Est ne sera-t-il pas sans effets : nouveaux marchés, mais aussi délocalisations.

À l'échelle locale, il serait absurde et ridicule de construire un objectif professionnel sans tenir compte de la structure économique et de la nature des entreprises de la région dans laquelle on réside. Cet environnement économique, il faut le connaître et le comprendre pour y inscrire sa stratégie personnelle. Comment, en effet, postuler ou vouloir évoluer à un certain niveau de responsabilités si l'on n'est pas au fait de l'actualité, de la dynamique de son secteur ? Mais attention à ne pas se poser en victime de la conjoncture, comme si elle seule était la cause de tous nos maux. On entend trop souvent des chercheurs d'emploi ou des cadres qui n'évoluent plus, dire : *« Je n'y peux rien, mon secteur d'activité est en crise »*. Ces alibis ne trompent que ceux qui s'en emparent. Attention aussi à ne pas devenir prisonnier d'une technicité vite obsolète qu'on a privilégiée au détriment de compétences plus larges ou plus diversifiées, parce qu'alors le secteur était porteur (c'est le cas de combien d'informaticiens !).

Pierre Veltz, directeur de l'École Nationale des Ponts et Chaussées, fait une analyse pertinente et pointue des interactions entre les évolutions technologiques et conjoncturelles des entreprises et la position des individus : « L'incertitude qui règne non seulement sur la concurrence et les marchés dans un cadre sectoriel donné, mais sur la délimitation même de ce cadre, pousse à privilégier les types d'ancrage technologiques qui permettent une réorientation, c'est-à-dire des ancrages reposant sur des savoirs génériques et fondamentaux, plutôt que sur des savoirs trop étroitement spécialisés. *Cela vaut pour la firme comme pour les individus.*[1] (...) La spécialisation, d'un côté, est plus que jamais nécessaire, ne serait-ce que pour maîtriser des processus de plus en plus sophistiqués. Mais elle n'est plus une protection, comme dans les anciens univers artisanaux ou industriels. Elle devient au contraire un facteur de risque, car elle peut enfermer dans des trajectoires en impasse et produire des effets de « lock-in » technologique – thème central développé par « l'économie de l'innovation » – alors que les innovations porteuses se situent souvent à des carrefours imprévisibles. »[2]

d. Les moyens, les méthodes

Comment retrouver un emploi et le *garder* ? comment évoluer dans son entreprise ? Les moyens sont divers et liés à soi, à sa situation, à son projet, au type d'entreprise que l'on prospecte ou dans laquelle on travaille, ainsi bien sûr qu'à la conjoncture économique. En recherche d'emploi, on pense généralement contrat à durée indéterminée (CDI), mais ce n'est pas le seul accès à l'emploi. Il en existe d'autres : l'intérim, les missions, le travail indépendant, le temps partagé, etc. De même en mobilité interne, il n'y a pas que la promotion à l'ancienneté (de moins en moins) et au mérite (de plus en plus) : tout le monde ne grimpe pas les échelons pour devenir un jour directeur de son entreprise ! Il faut

1. C'est nous qui soulignons.
2. Pierre Veltz : « Le nouveau monde industriel » Gallimard, 2000.

également compter avec les évolutions « horizontales », l'élargissement à d'autres métiers, d'autres fonctions (de la comptabilité au contrôle de gestion, du commercial au marketing, des études à la production...) ; le lancement de nouvelles activités ou de nouveaux produits ; les missions particulières (l'ouverture d'un nouveau bureau à l'international, par exemple). Et cette mobilité horizontale n'est pas incompatible – bien au contraire – avec une ascension dans la hiérarchie.

Mais d'abord, il faut communiquer. Disons le d'emblée : le CV, la lettre de candidature, ne constituent pas des fins en soi. ils ne sont que des *outils de communication* et doivent être pensés et conçus comme tels. « Le CV gagnant », « la lettre type » n'existent pas. Et si cela était, ces documents seraient immédiatement inopérants, puisque tout le monde fabriquerait les mêmes. Comment dès lors, faire la différence ? On découvre vite la difficulté à faire passer ses messages lorsqu'on doit les formater selon des modèles pré-établis tels qu'on peut en voir sur certains sites d'offres d'emploi ou tels qu'ils sont proposés par les entreprises dans le cas d'une mobilité interne. Un CV, et *a fortiori* une lettre de candidature, sont la concrétisation, la mise en forme de son *offre professionnelle*. De surcroît, ils doivent répondre aux règles fondamentales de la communication : quel est le message que je veux faire passer, à qui s'adresse-t-il ? La forme sera déterminée par des critères de lisibilité et d'efficacité et par la nature du récepteur : comment prétendre être créatif et bon communicant si on envoie une lettre qui est un « copié – collé » de formules toutes faites ? Comment affirmer son sens de l'organisation et des priorités avec un CV fourre-tout, inorganisé et sans hiérarchie ? Comment convaincre que l'on possède l'étoffe d'un décideur si son CV et sa lettre n'affichent qu'une succession de détails et de tâches d'exécution ?

En interne également, il faut communiquer, c'est-à-dire *se faire connaître. « Un des grands écueils de la communication, pour ceux qui veulent évoluer en interne, c'est de partir du principe qu'on n'a pas à se faire connaître. »,* écrit Myriam Ogier[1]. Communiquer, c'est connaître ses propres possibilités, savoir ce vers quoi l'on tend et faire passer des messages forts (formels et informels). Par exemple, en participant à des groupes de travail (nous développerons cet aspect dans les prochains chapitres). Pour déterminer le cadre de votre action, nous allons aborder dans les paragraphes suivants ce qui tient à la connaissance des entreprises : leur évolution, leur personnalité. Nous verrons ensuite comment, sur ces bases, bâtir votre stratégie personnelle.

B. ÉVOLUTION DES ENTREPRISES : REPÈRES ET PERSPECTIVES

L'histoire économique récente nous l'a rappelé : les entreprises ne sont pas des entités stables dans un univers immuable. Les entreprises sont des organismes vivants. Comme eux, elles naissent un jour mortelles :

1. Myriam Ogier ; « Savoir se vendre en interne ». Éditions d'Organisation.

elles ont une vie, une histoire (un parcours), connaissent un développement, harmonieux ou avec des aléas, elles s'inscrivent dans un devenir, elles ont des perspectives. Elles ont aussi un style, une *personnalité,* qui font que l'on a envie ou non d'y travailler, que l'on s'y sent bien ou pas, et qui imprègne ses membres, d'où qu'ils viennent (et qui imprègne aussi les contestataires). On retrouve des thèmes communs entre les parcours et les perspectives des entreprises et des individus :

– Croissance, Impasse, Divergence, Cassure

– Progression, Redémarrage, Recentrage.

Nous vous proposons, dans les pages suivantes, de « situer votre entreprise »

TEST

SITUEZ VOTRE ENTREPRISE

Trouvez les repères et les signaux pour identifier la situation de votre entreprise – ou des entreprises dans lesquelles vous êtes à même de postuler. Répondez par OUI, NON, NSP (Ne Sais Pas) aux affirmations énoncées. Faites l'ensemble des 4 sub-tests A, B, C, D : une entreprise peut présenter simultanément plusieurs caractéristiques (croissances et divergence, croissance et impasse, par exemple) dont il faut savoir tenir compte pour anticiper.

Attention : Une majorité de réponses « Ne sais pas » traduit chez vous un manque d'intérêt et d'information sur l'entreprise qui peut être dangereux : soit les accidents vont vous prendre au dépourvu, soit vous allez passer à côté d'opportunités.

SUB-TEST A :

		OUI	NON	NSP
1	Chiffre d'affaires en progression	❑	❑	❑
2	Absorption de sociétés du même secteur	❑	❑	❑
3	Diversification	❑	❑	❑
4	Augmentation des effectifs	❑	❑	❑
5	Secteur d'activité porteur	❑	❑	❑
6	Gains de parts de marché	❑	❑	❑
7	Investissements productifs	❑	❑	❑
8	Développement international	❑	❑	❑

RÉPONSES :

Une majorité de OUI est bien évidemment le signe d'une entreprise en **CROISSANCE.** Bien sûr, tout patron aimerait pouvoir présenter le tableau ci-dessus. Mais il est évident que dans la vie d'une entreprise (comme dans toute vie) il y a des à-coups et des moments de crise. C'est la force et la bonne santé foncière qui permettent de les surmonter (et parfois d'en sortir fortifié).

Perspectives possibles :

En général, on peut penser que la perspective de toute entreprise est la **progression**. Mais parfois, à un certain niveau de développement, il est nécessaire de **se stabiliser** pour renforcer ses bases et ses positions. C'est surtout vrai des entreprises jeunes et des toutes petites structures : une croissance trop rapide (sans renforcement des structures et de la gestion) s'avère souvent fatale.

Ceci étant, ce sont les objectifs qui motivent les collaborateurs et tirent les entreprises. Même s'il sait que rester stable sur son marché est déjà un bon résultat en fonction de la conjoncture, un patron fixera toujours des objectifs de croissance. Car seuls les objectifs de développement permettent d'atteindre un bon niveau de productivité et de rentabilité.

Dans toutes les configurations, quelle que soit l'ancienneté de l'entreprise, quel que soit le produit ou le service, il arrive un moment où tout objectif de progression ou de croissance passe nécessairement par le **renouvellement** : du produit, du process, des méthodes de commercialisation, des hommes. La **créativité** est à la base de toute vie de l'entreprise.

SUB-TEST B :

	OUI	NON	NSP
1 • Mono produit depuis longtemps	❑	❑	❑
2 • Prix de revient très élevés	❑	❑	❑
3 • Concurrence nouvelle	❑	❑	❑
4 • Pas d'ouverture sur des marchés nouveaux	❑	❑	❑
5 • Non renouvellement des méthodes de commercialisation	❑	❑	❑
6 • Pas d'investissements productifs	❑	❑	❑
7 • Non renouvellement de l'encadrement	❑	❑	❑
8 • Pas de progression du chiffre d'affaires	❑	❑	❑

RÉPONSES :

Une majorité de OUI est le signe que l'entreprise se dirige vers une **IMPASSE**, si elle n'y est déjà. Ici, on peut décrire deux types de situations possibles : C'est soit l'entreprise entière qui entre dans l'impasse, soit une branche, ou une division, au sein d'un grand groupe.

Perspectives possibles :

- *L'entreprise* : Ce cas est souvent celui d'entreprises qui, depuis plusieurs années, produisent et vendent les mêmes produits à une clientèle qui ne se renouvelle pas et qui ont du mal à gagner en productivité pour se positionner sur les nouveaux circuits de vente. Même fière de son histoire, de son image, de sa qualité, une entreprise qui, faisant ce constat, continuerait à vivre sur ses acquis, risque de disparaître. Pour s'en sortir, les dirigeants peuvent jouer sur plusieurs leviers :
  - La diversification.
  - Une politique commerciale tournée vers de nouveaux clients, de nouveaux circuits de vente, vers l'export.
  - Cela suppose la mise en place d'études et d'actions de marketing pour positionner et promouvoir les nouveaux produits.
  - Sans oublier la mise en place d'un contrôle de gestion drastique ainsi que d'actions visant aux gains de productivité.

Toutes ces stratégies peuvent offrir de beaux *challenges* à des cadres prêts à s'investir. Nous traiterons de ce sujet ultérieurement dans le paragraphe dédié à la « Stratégie Personnelle ».

- *Le département au sein d'un groupe* : les cas ont été relativement nombreux, depuis une quinzaine d'années, de groupes voyant une de leurs divisions ne plus être bénéficiaire et même commencer à générer des pertes. On assiste alors à deux types de scénarios :
  - L'entreprise centralise à un niveau européen ou mondial toutes les activités relatives à cette branche (ce qui veut dire disparition de la division France).
  - L'entreprise *externalise* tout ou partie de cette activité chez des repreneurs, qui peuvent être des entreprises de taille moyenne du secteur qui cherchent à élargir ainsi leur base commerciale, ou bien des organismes financiers qui vont spéculer sur les bénéfices de la revente.

D'où l'importance, pour les cadres concernés, d'être informés et d'anticiper : quelles sont les perspectives possibles, risques et opportunités si on reste, ou si on postule à la nouvelle entité, ou bien, comment se préparer à partir.

SUB-TEST C :

	OUI	NON	NSP
1 • Diversification dans des secteurs ou produits éloignés du cœur de métier	❑	❑	❑
2 • Une communication exclusivement portée sur les nouvelles branches	❑	❑	❑
3 • Des investissements très importants sans être rentables sur les nouvelles branches	❑	❑	❑
4 • Des mesures d'économies (recrutements gelés) dans les branches traditionnelles	❑	❑	❑
5 • Activités de base décrites comme étant les « vaches à lait »	❑	❑	❑

RÉPONSES :

Une majorité de OUI est le signe du scénario de la **DIVERGENCE**. On l'a dit, la diversification est souvent nécessaire au développement d'une entreprise. Mais lorsque cette diversification se fait dans un secteur éloigné du cœur de métier, les risques sont importants : risques (si l'on peut dire) de réussite, mais risques aussi d'éclatement, d'investissements non rentabilisés, d'affaiblissement et de perte des valeurs de l'activité de base.

Perspectives possibles :

Si la diversification est réussie, les nouvelles activités doivent devenir autonomes et autosuffisantes en termes financiers . Chacune jouant le scénario de la croissance. Sinon, lorsque l'écart devient trop difficile à gérer, qu'un secteur pâtit de l'autre (pertes d'argent de l'un qui a pour conséquence une ponction dans les bénéfices de l'autre), un choix s'impose. Pour l'entreprise en crise, cela peut revenir à :

- Se recentrer, donc déterminer les activités qu'elle va conserver et celles qui seront revendues et *externalisées*.
- Revaloriser l'image et l'identité des activités de base qui, naguère qualifiées de « vaches à lait », ont perdu de leur rentabilité et de leurs ressources de développement propre. Ces campagnes de revalorisation sont importantes vis-à-vis des clients, des investisseurs et du moral des troupes. Dans ce cas il est également important pour les cadres de savoir de quel côté le vent va tourner.

SUB-TEST D :

À toutes les questions du sub-test A vous avez répondu NON.

À une majorité de questions des sub-tests B et C vous avez répondu OUI.
Vous assistez à des changements de directeurs et d'organisation répétés sur une courte période.

RÉPONSE :

Vous avez pointé les signes avant-coureurs de la **CASSURE** : l'entreprise va mettre la clé sous la porte, le département va être supprimé ou transféré.

Perspectives possibles :

Ne rêvons pas : dans le meilleur des cas l'entreprise va chercher un repreneur (sauf si, bien entendu, l'activité est centralisée à la maison mère). Sinon, viendra le moment où il faudra fermer.

Reste à savoir maintenant quelles sont les perspectives du repreneur : est-ce un grand groupe qui va intégrer les produits dans sa gamme et réorganiser complètement le travail selon ses propres modalités ? Est-ce une petite entreprise qui voit là le moyen de s'implanter sur un marché où elle était minoritaire. Est-ce un investisseur qui va en tirer les derniers profits.

Dans tous les cas, il s'agira pour les salariés de s'adapter à un important changement de culture.

CONCLUSION

Nous l'avons dit : une entreprise est un organisme vivant. En synthèse, on peut dire qu'une entreprise est comme un arbre : un tronc, puissant ou frêle, des ramifications qui sont les branches, des pousses nouvelles et des branches mortes. Intégrer une entreprise ou vouloir y rester, c'est aller sur les branches porteuses. Or l'erreur que commettent souvent les salariés, est de vouloir rester, par fidélité, facilité ou frilosité, sur une branche morte. C'est, à terme, tomber avec elle.

C. PERSONNALITÉ DES ENTREPRISES

a. Image du corps social, figure du père

Les entreprises ont une vie, une histoire, un *parcours*. Elles ont aussi une personnalité : Philips ne ressemble pas à Siemens, qui ne ressemble pas à General Electric. Et pourtant, ce sont les mêmes diplômés des mêmes écoles qui y sont recrutés à des fonctions similaires. Cette personnalité tient bien sûr à l'origine de l'entreprise : culture du pays où elle est née, personnalité et projets du fondateur. Elle tient aussi aux modes d'organisation, de gestion (gestion financière et gestion des hommes) qui ont été mis en place. On serait tenté d'écrire qu'elle tient aussi à son histoire, mais sans doute l'inverse est-il plus vrai : l'histoire d'une entreprise est, pour une part, le produit de sa personnalité. Et on voit bien qu'à travers des contextes économiques communs (périodes fastes ou périodes défavorables) les réponses et les résultats différents d'une entreprise à l'autre : l'une se concentre, l'autre se diversifie, l'une cède des pans de son activité, l'autre rachète les concurrents.

Nous reviendrons sur les attitudes individuelles, mais il est intéressant d'observer à quel point les salariés (qu'ils adhèrent à ses projets ou qu'ils les contestent) assimilent la personnalité de l'entreprise, s'approprient sa culture, ses valeurs. **C'est un mouvement naturel dont le plus souvent on ne prend conscience qu'en cas de crise** : lorsque l'entreprise se sépare de vous, ou à l'occasion des rachats ou fusions. Une séparation, un changement parfois violents et souvent très mal vécus.

Il est toujours très difficile pour une entreprise d'être absorbée par une autre, comme pour deux entreprises, de fusionner. Parce qu'il faut, bien sûr, harmoniser les méthodes de travail et les modes de gestion, mais surtout parce que cela exige une mutation du corps social, avec son esprit, sa personnalité, ses motivations, sa raison d'être. Écoutons les salariés qui s'expriment dans ces contextes : ils réfutent le plus souvent les arguments économiques. **Ce qu'ils éprouvent, c'est un sentiment de trahison.** D'un point de vue économique, leurs arguments peuvent être irrationnels : ils sont d'ordre psychologique, voire moral. C'est ce qu'exprimait dans une interview ce jeune ingénieur de l'usine Philips du Mans, à l'époque des négociations avec un éventuel repreneur chinois : *« J'ai été embauché pour travailler chez Philips qui est une société en laquelle je crois. Pas pour travailler dans une entreprise chinoise ! »* Qu'on se souvienne aussi des réactions des salariés de Moulinex devant la perspective de travailler désormais pour le concurrent Seb. Même si, pour certains, c'était là le seul moyen de ne pas perdre leur emploi, il s'agissait tout de même d'une trahison inconcevable !

D'où les efforts d'harmonisation sociale déployés par l'entreprise qui absorbe, vis-à-vis des salariés de l'entreprise absorbée. Ce qu'exprime dans les colonnes de BPI News, la revue d'information interne du cabinet BPI, Nathalie Drouet, DRH de Virgin quand elle évoque le regroupement des deux enseignes Virgin et Extrapole : *« Le chantier d'harmonisation sociale a débuté en janvier 2002 et a duré quinze mois. Il s'agissait en très peu de temps de construire une entreprise unique. »*[1]

Mais cette construction d'une « entreprise unique » s'accompagne parallèlement d'efforts pour conserver une diversité de marque, d'image, d'image de marque voire d'autonomie de fonctionnement : Schneider dans Philips, Fujitsu dans Siemens, Mobil dans BP.

C'est que la personnalité de l'entreprise est ce en quoi se reconnaissent les salariés, ce à quoi ils adhèrent. Elle est un élément essentiel pour fédérer les énergies. En tant que cadre, on se reconnaît comme membre de ce corps social et cette reconnaissance est un composant de la personnalité professionnelle. **D'où, une fois encore, la déchirure, le sentiment de trahison ou de gâchis lorsqu'il y a séparation.**

Les grandes mutations, changements d'orientation stratégique, les produits nouveaux, les nouveaux axes de développement, les nouveaux marchés, peuvent provoquer ou entraîner des changements de la personnalité. Lorsque ces changements deviennent très importants et qu'il existe une réelle divergence entre la première raison sociale et l'activité nouvelle développée, il peut alors y avoir

1. BPI News. Juillet 2003

changement de nom : la Générale des Eaux devient Vivendi, la partie société de services de Thomson devient Thales. Cet acte symbolique de changement de nom a pour but d'insuffler une culture différente, donc des comportements différents chez ses membres. Jusqu'à rebaptiser la société mère victime de la « politique de divergence » pour lui donner un nouveau départ : la Générale des Eaux devient Veolia. On voit ainsi beaucoup d'entreprises en difficulté changer de nom dans l'espoir d'engendrer une nouvelle dynamique.

Dès lors, les efforts du management, de la communication, interne et externe, vont viser à emporter l'adhésion des salariés à cette nouvelle personnalité induite par ce nouveau nom. Ce qui n'est jamais chose facile car une personnalité ne se modifie pas par décret. (À titre individuel, une telle « révolution » nécessite souvent une psychanalyse ou une psychothérapie longue dont les résultats sont toujours prêts à être remis en cause). Ce n'est pas pour rien que pour les grandes mutations, les fusions, absorptions, les grands changements culturels, les entreprises font de plus en plus appel à des cabinets de *consulting* spécialisés dans la psychologie de groupe et l'évolution des mentalités : BPI, cabinet spécialisé dans le changement, s'y est attaché avec son nouveau département PEP'S.

Il est vrai que plus l'entreprise est grande et diversifiée plus les problèmes de structure et d'organisation complexifient la perception de sa personnalité. Si dans une PME, la figure du patron ou du fondateur imprime de manière plus visible sa marque, la notion de personnalité reste valable quelle que soit la taille de l'entreprise. Ainsi, l'entreprise familiale qui recrute un cadre réagit comme une famille qui accueille un gendre ; la grande entreprise s'apparente davantage à un clan, une confrérie, qui intronise un nouveau membre. Mais chacune, à sa manière, développe ses rites initiatiques : de la réception par le patriarche fondateur pour la première, aux épreuves « purificatrices » (tests, assessment centers) pour la seconde. Les évolutions internes répondront aussi aux critères de personnalité de l'entreprise : accéderont à de plus hautes responsabilités ceux qui se portent garants de la survie du corps social.

On voit bien aujourd'hui à quel point les entreprises attachent de l'importance à leur personnalité, à leur histoire « familiale ». Y compris, et surtout, les grands groupes, qui ont mesuré combien cette dimension personnelle est déterminante de l'adhésion de leurs salariés. Des publicités récentes de géants américains n'hésitent pas à montrer sur de vieux films les figures de leurs pères fondateurs (Hewlett et Packard dans leur hangar, Henry Ford lançant le modèle T) comme s'il s'agissait de PME où le patron est toujours présent ! Significatif aussi les efforts du groupe Lagardère pour présenter le fils dans la continuité du charismatique père-patron-fondateur.

Comme si, dans la déshumanisation affairiste de ces dernières années on prenait conscience de l'importance de retrouver l'image du père, celui qui dirige, montre la voie, récompense les meilleurs (et sait être attentif à chacun).

b. Les Valeurs

La finalité de l'entreprise est de produire des biens et des services et de les vendre pour générer du profit. La dimension financière est fondamentale et essentielle à la vie de l'entreprise. Comme travailler pour gagner un salaire décent est essentiel à la vie du salarié. Partant de là, l'important pour le salarié est de savoir quels sont les moyens mis en œuvre par l'entreprise pour réaliser son profit : innovation, force de vente, spéculation financière ou développement durable, et, en conséquence, quelle est la politique de gestion du personnel, s'il y en a une. Politique, règles de vie et donc **« valeurs »** : que respecte-t-on, que ne respecte-t-on pas dans la course au profit ?

Cette notion de « valeur » est longtemps restée implicite. Ce n'est qu'a posteriori que les salariés pouvaient apprécier qu'ils étaient restés dans telle entreprise (ou, au contraire n'étaient pas restés) parce qu'ils se reconnaissaient (ou ne se reconnaissaient pas) dans les codes, non-dits, des relations humaines et de fonctionnement.

Aujourd'hui, cette notion de « valeur » est plus explicite. Elle est même très utilisée par les entreprises dans leur communication interne ou externe. Mais cette prise en compte de la notion de « valeur » par l'entreprise, n'est pas le fait d'un excès d'opportunisme de sa part. Les « valeurs » sont ce qui fonde le mode de vie, les relations entre les collègues et les partenaires extérieurs, fournisseurs ou clients. Elles sont aussi ce sur quoi se fonde l'engagement des salariés... *C'est ce qui donne du sens.*

Le sentiment d'appartenance est décisif de l'engagement des salariés et de la réussite de l'entreprise. Au point que ces valeurs font désormais partie des critères de choix d'une entreprise par des candidats. Lisez bien les offres d'emploi : le terme y apparaît de plus en plus fréquemment. Ainsi cette offre pour un directeur de *centre de profit :* « Dans un contexte de fusion récente, vous managez la structure *en respectant la politique et les valeurs du groupe.* » Les professionnels du recrutement en sont convaincus : ce recours aux valeurs n'est pas une simple clause de style. Il s'agit bien de critères auxquels l'entreprise attache une réelle importance.

Côté cadres, on touche à *l'éthique* personnelle. Combien de candidats en effet, même dans l'anxiété d'une recherche d'emploi difficile, n'hésitent pas à affirmer qu'ils n'iront jamais travailler dans une entreprise qui n'affiche pas les valeurs auxquelles ils souscrivent ? Sur ce point, les livrets d'accueil confiés aux nouveaux embauchés constituent des repères appréciables. Ils sont aussi (surtout ?) le support privilégié des messages fondamentaux de l'entreprise.

Il est frappant de constater à quel point les salariés intègrent les valeurs de l'entreprise (lorsqu'ils y souscrivent, bien sûr). À quel point ils les défendent lorsqu'à leur tour ils mènent des entretiens d'embauche, ou dès qu'ils sont amenés à s'exprimer à l'extérieur. On peut ainsi entendre des phrases ponctuées de (c'est significatif) : « Chez nous… ». Dominique Beriot et Alain Exiga vont même jusqu'à parler d'un *« sens de la propriété qui n'est pas le seul fait du patron, et qui subsiste dans les sociétés les plus anonymes et pénètre l'esprit de tous ses responsables, pourtant salariés eux-mêmes.* « La boite » *à laquelle ils appartiennent leur appartient, semble-t-il. Ils s'identifient à elle et à ses intérêts. »*[1]

1. Dominique Bériot, Alain Exiga « Les tests en procès » Dunod, 1970.

Revers de la médaille : plus l'individu intériorise les valeurs de l'entreprise, plus le risque est grand pour lui de mal vivre les absorptions ou les séparations (licenciement, filialisation). Car les phénomènes que nous avons décrits plus haut au sujet de *l'image* de l'entreprise, peuvent se trouver renforcés par des considérations morales personnelles. Il est toujours dangereux d'être « fusionnel ». Ayez la maturité qui vous permet d'adhérer, tout en conservant une certaine distance, et sans perdre de vue vos propres valeurs.

L'adhésion aux valeurs de l'entreprise joue également un rôle dans les évolutions internes des salariés. Il est clair que les progressions de carrières, les prises de responsabilités stratégiques « récompensent » les cadres qui font les valeurs de l'entreprise, les portent et s'en font les porte-parole auprès de leurs équipes. Cela ne veut pas dire que ces cadres ne soient pas critiques, éventuellement originaux voire « rebelles ». Mais il est des critiques et des « rébellions » constructives, qui vont dans le sens de la créativité et du progrès, et qui restent dans le champs des valeurs à promouvoir. Inversement, certaines critiques ne sont que dénigrements systématiques. Celles-là ne sont jamais payantes même si, de son point de vue, le cadre pense avoir raison. C'est une règle qui ne souffre aucune exception : *on n'a jamais raison contre les valeurs de l'entreprise à laquelle on appartient.*

D. LA STRATÉGIE PERSONNELLE

a. Évolution externe

En définitive, dans ce jeu d'interactions, tout part de l'entreprise : quelles que soient vos compétences et vos motivations, si l'entreprise ne génère aucun besoin en personnel, il ne se passera rien. Mais qu'en est-il de la perception que peuvent avoir les salariés ou les candidats des perspectives de l'entreprise ? Quelle que soit la politique de la direction : volontariste ou imposée par les actionnaires, de déploiement ou de repli... celle-ci est-elle **claire ?** Est-elle **affirmée** ou, au contraire, est-elle **floue** et **changeante** ?

Cet aspect est très important pour les salariés et, en premier, lieu les cadres. Reportons-nous à l'analyse de Maurice Thévenet[1]. Comment adhérer à un projet d'entreprise s'il n'est pas clair. Comment retrousser ses manches et s'investir dans une reprise, dans un chantier aussi intense que le redressement d'une société en déclin, si on n'est pas concerné – et concerté –, si les objectifs de la direction manquent de fermeté et que les efforts déployés peuvent être remis en cause du jour au lendemain ?

Autre aspect : claires, affirmées ou non, les perspectives de la direction sont-elles également réalistes ? Comment, pour le cadre, engager ses objectifs personnels sur des perspectives de gains de parts de marché très importantes avec un produit moins performant que celui des

1. Maurice Thévenet. Op cité.

concurrents ? Comment une direction peut-elle inspirer confiance en laissant croire à des gains alors qu'elle court après des repreneurs qui se défilent les uns après les autres ?

Enfin, les perspectives connues de l'entreprise se situent-elles sur le court terme (gains rapides sur des marchés volatils, actions de survie) ou sur le moyen – long terme (investissements en recherche et développement, recherche de nouveaux marchés internationaux) ?

Bien sûr, il s'agit là d'éléments qu'il n'est pas toujours aisé de bien connaître. Mais quand même : un cadre d'une entreprise (même s'il n'est pas directeur financier ou DRH), se doit de s'y intéresser, de s'en informer. Ces éléments sont ceux qui vont guider sa ligne de conduite : s'inscrire dans le déploiement de l'entreprise, s'investir dans les efforts à fournir pour la redresser. Ou alors décider de s'investir dans une autre entreprise dont les perspectives sont plus conformes à ses propres objectifs.

Pour les candidats en recherche d'emploi, ces informations internes ne sont pas toujours accessibles. En interne, on peut récolter des avis différents éventuellement contradictoires émanant de différents services. Et puis, il y a les bruits de couloirs... Hors de l'entreprise, on ne dispose bien souvent que de la version officielle des communiqués de presse. N'empêche : toutes les informations (articles de presse, publication de résultats) sont utiles voire indispensables, à qui sait les comparer et les décoder. Ce que vous saurez de l'entreprise que vous souhaitez intégrer, vous permettra de rendre pertinente votre candidature. Inutile de vanter, dans une lettre de motivation, les bons résultats d'une société au bord du plan de restructuration ! Positionnez-vous en fonction de ce que vous savez d'elle, donc de ce que vous pouvez déduire de ses attentes.

En synthèse, la stratégie personnelle consiste à :

- connaître ou inférer les besoins de l'entreprise.
- lui proposer ses compétences transférables et son potentiel (à prendre des responsabilités, développer, gérer, organiser...) pour répondre à ses besoins et s'inscrire dans ses perspectives. En tenant compte bien sûr, de la conjoncture économique.

a1. Recherche externe

La conduite est tout à fait analogue à la démarche commerciale d'une entreprise qui vend des services (le travail est un service) :

- Faire son étude de marché : quelles sont les entreprises potentiellement intéressées par mon offre de service ? Le spectre peut être large si l'offre est de nature généraliste ou généralisable (comptabilité, gestion) ; étroit si l'offre est de nature technique très spécifique (électronique hautes fréquences, marchés boursiers, etc.).
- Choisir les entreprises cibles dont il s'agit de connaître les besoins ou essayer de les inférer en fonction des informations dont on dispose.
- Faire son offre, c'est-à-dire proposer ses compétences, ses méthodes, ses solutions, ainsi que les résultats et bénéfices que l'entreprise peut en escompter (rapidité d'intervention et de mise en place, percées commerciales, fiabilité, rentabilité).

Il ne s'agit donc pas de s'accrocher à son passé, mais de se **projeter** dans l'entreprise future, dans le poste proposé et présenter ses acquis et son expérience comme des compétences prêtes **aujourd'hui** à être mises au service de l 'emploi de demain. La connaissance du besoin de l'entreprise peut être (apparemment) simple : c'est le cas de l'offre d'emploi. Par analogie avec la démarche commerciale, c'est en quelque sorte « l'appel d'offre ». La question est double :

1 – Comment répondre aux critères sélectifs et parfois étroits de l'(appel d')offre.

2 – Quelle est la face cachée, quels sont les tenants et aboutissants du besoin tel qu'il est publié ? Nous aborderons cet aspect dans le chapitre 4.

Lorsque l'on est senior ou cadre confirmé, la démarche consiste à construire une offre (candidature spontanée, contacts par réseau) en fonction de ce que l'on connaît de l'entreprise, de la conjoncture présente du secteur – et de ce que l'on peut en déduire des perspectives de l'entreprise. Or, ce que le consultant en mobilité ou en outplacement observe, c'est que la « base documentaire » des candidatures spontanées chez les cadres en recherche d'emploi, se limite le plus souvent à la mention du secteur d'activité de l'entreprise sollicitée. Ainsi se contente-t-on de préciser à une entreprise que l'emploi précédent était exercé dans le même secteur. Et on lui transmet un CV qui est un descriptif d'activités dans une autre entreprise du même secteur ! Qu'on ne s'étonne pas de ne recevoir aucune réponse ! Car, agissant ainsi, on adopte une attitude passéiste et attentiste. Or, une

« attitude d'offre de services » doit, au contraire, se traduire par des démarches dynamiques qui vont *vers* l'entreprise.

COMMENT SE SITUER DANS UN MOUVEMENT DE *PROJECTION CRÉATIVE* ?

Toujours par analogie avec le marketing et la vente de services, faites de la « **veille active** ». De quelle manière ?

- **En lisant les offres d'emploi des supports que vous ne lisez jamais,** qui sont en dehors de votre domaine d'activité. Vous découvrirez alors que vos compétences, vos savoir-faire, sont parfois transférables à d'autres secteurs et que vous pouvez proposer des spécificités qui font parfois défaut aux professionnels du secteur. Par exemple : compétences de gestion dans des entreprises de négoce ou dans des *start-up* technologiques.
- **En lisant les offres d'emploi dans les rubriques qui ne sont pas celles de votre métier.** En présentant vos compétences en fonction de ce qui est demandé et non en vous contentant d'énumérer ce que vous avez fait par le passé, vous pouvez bâtir une offre professionnelle nouvelle pour vous, et qui ira dans le sens des perspectives de l'entreprise.
- **En repérant les entreprises qui multiplient les annonces dans plusieurs supports différents.** Par exemple, une entreprise recherche plusieurs commerciaux pour le lancement de nouvelles activités. Vous n'êtes pas commercial ? Pensez cependant que derrière ces besoins affichés en commerciaux, on aura certainement besoin de gestionnaires, de logisticiens, de responsables de SAV,

autant de recrutements pour lesquels l'entreprise ne publiera peut-être pas d'offres d'emploi.

D'une manière générale, informez-vous sur « tout ce qui bouge » dans l'environnement économique. Ne vous limitez pas à rechercher les « entreprises en pleine expansion leader sur son marché », ayez vraiment l'œil sur tous les mouvements économiques, quelle qu'en soit la nature. *Car tout mouvement génère des besoins :* pas seulement les mouvements d'expansion, mais aussi les mouvements de restructuration, de fusion, d'*externalisation* d'activité, de cession d'activité à des sous-traitants, de déménagement... et même de compression d'effectifs. Ce n'est pas parce qu'une entreprise licencie qu'elle ne recrute pas. Toutes ces informations sont riches de potentialités. Y compris les informations concernant des crises, des pertes de marchés, des entreprises qui souffrent de concurrences nouvelles, etc.

Vouloir identifier ces entreprises en difficulté n'est-ce pas une attitude un peu paradoxale ? Peut-être. C'est en tous les cas une attitude prospective et créative : les entreprises en mutation, qui traversent des turbulences, vont avoir besoin de patrons, de managers, de gestionnaires, de responsables de production, de commerciaux, pour fixer de nouveaux objectifs, gérer, réduire les coûts, gagner en productivité, regagner des parts de marché, etc. Une entreprise qui déménage ou se délocalise perd toujours un nombre conséquent de salariés qui ne suit pas la délocalisation : il peut donc y avoir appel à compétences. Une étude menée par le cabinet BPI auprès des entreprises qui fusionnent, montre que les leviers d'action pour l'adaptation des compétences à la nouvelle organisation sont la formation (78 % des cas), la mobilité interne (41 %), le recrutement (31 %). En effet, les principaux objectifs visés par les fusions sont de créer des synergies pour réduire les coûts et rentabiliser (42 %), mais aussi d'augmenter ou de modifier l'offre de produits ou de services (46 %), d'accéder à de nouveaux marchés (42 %), d'acquérir un avantage concurrentiel (38 %), bref, autant d'objectifs si situant dans une perspective de développement.[1]

Sur la base de ces données, vous allez pouvoir construire une *véritable offre de service qualifiée*. Celle-ci consistera à montrer à l'entreprise que vous vous êtes informé de sa situation actuelle. Et que vous êtes prêt à lui proposer les compétences (managériales, de gestion, d'organisation, commerciales...) dont elle va avoir besoin pour réussir son expansion ou pour surmonter sa crise.

a2. Études de cas

Trois « histoires » illustrent l'interaction des données conjoncturelles, des besoins de l'entreprise et de la projection des compétences du candidat :

1 – **À 45 ans, Jérôme est directeur régional des ventes chez un opérateur** de réseaux câblés. Le marché s'effritant et le parc arrivant à saturation, la direction concentre les forces de vente sous la responsabilité unique d'un responsable France. Son poste se trouvant supprimé, Jérôme, qui avait recruté et formé des équipes de vente, accepte le poste de

1. « Rapprochement d'entreprises : quels impacts sur les hommes ? » Enquête publiée par BPI en septembre 2002.

responsable formation qui lui est alors proposé. Jusqu'au jour où cette fonction ne se justifie plus. Faisant partie du plan de restructuration, Jérôme doit chercher un nouvel emploi. Son positionnement professionnel est le suivant : une expérience de direction commerciale dans une niche très particulière et les deux dernières années de son parcours passées dans l'administration de la formation. S'il recherche de manière classique (banale, disons-le) dans son créneau (étroit) avec un CV qui n'est plus en prise directe avec le commercial, il n'obtient pas le moindre rendez-vous. Jérôme pense alors postuler dans la formation. Mais sa candidature dans cette fonction n'est pas crédible (son rôle de formateur était un arrangement en interne et son salaire se situe au-dessus de ceux proposés sur le marché).

C'est alors que se précise une idée qui germe depuis un certain temps : quitte à changer ne vaut-il mieux que Jérôme revienne vivre dans sa ville de Nantes que son évolution professionnelle lui a fait quitter. Mais il sait aussi que ce retour à Nantes signifie qu'il ne retravaillera pas dans son secteur et que très certainement il devra revoir son salaire à la baisse. Avec son conseiller, il refait son CV pour en faire un CV de commercial dont l'épisode formation est présenté comme un « plus » et non comme une fin.

Jérôme repère une offre d'emploi – localisée à Nantes – de commercial pour une société de négoce de vins. C'est manifestement un poste de « commercial de base », mais Jérôme pense : « C'est à Nantes, j'ai de toute façon envie d'aller voir. » Il répond à l'annonce et est reçu. Il s'agit vraiment d'un poste de vendeur très éloigné de ses compétences et de son niveau. Jérôme n'est pas retenu. Mais la semaine suivante, son interlocuteur le rappelle : il a bien enregistré les compétences de direction régionale de Jérôme, son expérience du recrutement et de la formation des vendeurs. Lui et son directeur général ont discuté. L'entreprise n'a pas une implantation forte dans l'ouest de la France... Ils proposent à Jérôme de prendre la direction d'un bureau régional, charge à lui de constituer les forces de vente et de développer l'activité.

Après deux nouveaux entretiens pour définir les modalités contractuelles sur ces nouvelles bases, Jérôme B. part monter la succursale de Nantes.

2 – **À 52 ans, Pierre, autodidacte, est chef comptable d'une entreprise** qui vend des instruments de télécommunications. En fait, il est chef comptable depuis que la société a quitté le giron du groupe multinational auquel elle appartenait en tant que division. Auparavant, Pierre a essentiellement travaillé dans le contrôle de gestion et dans le service d'audit interne du groupe. Au bout de trois ans de fonctionnement autonome, les investisseurs qui avaient repris l'affaire se retirent et Pierre doit retrouver un emploi.

Au cours de ses recherches, il repère une offre d'emploi qui, dit-il, « lui correspond bien ». Mais ce qui l'inquiète, c'est qu'il s'agit d'un poste de « Directeur Comptable » et qu'il pense que son expérience en comptabilité pure est courte, lui qui vient de l'audit.

Justement : à l'analyse des besoins exprimés par l'annonce, il apparaît que c'est cette expérience d'audit qu'il faut valoriser, au lieu de la masquer. C'est ce qui peut permettre à Pierre de faire la différence, c'est son « plus » par rapport aux autres candidats. De fait, Pierre est reçu et c'est bien cette spécificité qui intéresse. Car l'entreprise a besoin d'être remise sur les rails d'une gestion plus rigoureuse. Le futur directeur comptable devra faire l'audit de la situation, proposer des solutions, les mettre en place et les faire appliquer. Pierre est l'homme de la situation, d'autant plus que les patrons, qui ont du flair, ont bien vu qu'ils avaient affaire à un bosseur, à quelqu'un de fiable qui allait vraiment s'impliquer. Qui plus est, à 52 ans, Pierre ne jouerait pas les carriéristes.

Pierre est quand même recruté comme membre du staff de direction, car il fallait que sa position dans l'organigramme lui confère, de fait, l'autorité nécessaire aux réformes. Bien sûr, la première année, il a travaillé plus de dix heures par jour… Il le savait, et c'était ce qui lui convenait.

3 – **À 47 ans, Henri a quitté le grand groupe industriel** dans lequel il « plafonnait » comme second du directeur de production – sans doute parce qu'il n'avait pour formation qu'un DUT ! Une fonction de second dont il pressentait qu'elle allait disparaître avec la nouvelle organisation qui se mettait en place.

Henri est très méthodique. Sa démarche : décliner systématiquement tous les acquis de son expérience en les présentant comme des méthodologies de résolution de problèmes d'organisation industrielle. Il propose ses services aux PME de sa région, à travers une lettre argumentaire, sans CV, adressée directement aux patrons. Il a passé deux mois à mettre au point cet argumentaire : dans une démarche marketing, comme dans une démarche d'organisation, la préparation en amont est essentielle à la réussite de l'opération. Parallèlement, Henri se fait connaître, en intervenant comme conférencier dans le cadre d'échanges professionnels organisés par la chambre de commerce. Il obtient ainsi des contacts, jusqu'à ce qu'un patron lui propose de réorganiser la production de son usine. Salaire fixe et part variable sur les gains de productivité obtenus.

Henri « vendait » un service sérieux, les résultats sont là. Deux ans plus tard, il est contacté par un chasseur de têtes : un concurrent veut « acheter » ses compétences. Il accepte immédiatement : la proposition est intéressante et Henri ne peut plus apporter grand-chose, ni vraiment progresser dans la petite usine qu'il a contribué à relancer.

Ces trois histoires ont un point commun (sur lequel nous reviendrons) : Jérôme, Pierre et Henri n'en sont pas restés à des **« candidatures attentistes ».** Chacun, à sa manière, est allé au-devant de l'entreprise, attentif à ses besoins, au contexte conjoncturel. Chacun a communiqué sur ses compétences transposables, son potentiel et sa volonté d'assurer ses responsabilités et de faire avancer les choses. Ce faisant, tous les trois se sont inscrits à la fois dans la perspective de l'entreprise, et dans leur propre perspective.

b. Évolution interne

b1. L'information

Lorsque l'on est dans l'entreprise, que l'on y exerce son métier, on n'a pas (du moins le pense-t-on) à vendre ses services : on est déjà payé pour ça. Mais se reposer sur ce type d'acquis, adopter une attitude figée, préférer l'immobilisme dans un univers en mouvement, est une erreur qui risque d'être lourde de conséquences. On peut être efficace, reconnu, apprécié dans son travail et se retrouver dépassé par d'autres dans la course aux promotions et/ou dépassé par les événements quand les perspectives changent et que la société restructure.

Là aussi, il faut opérer une « veille interne » par rapport à votre métier, au domaine d'activité dans lequel vous évoluez. Il est important que vous sachiez quels sont les axes politiques de votre entreprise : marchés nouveaux, diversifications, recentrages, *externalisations ;* que vous sachiez également sur quels types de projets vont porter les investissements ; sur quelles activités, quels process vont porter les mesures d'économies et de réductions de frais.

La communication « officielle » existe. Qu'elle soit institutionnalisée – comme dans les grandes sociétés : notes d'informations, revues internes –, ou qu'elle émane directement du dirigeant ou des notes de service – comme c'est plutôt le cas dans les entreprises petites ou moyennes. Généralement, elle concerne les grands axes commerciaux ou stratégiques, elle est *incitative.* Pour le reste, en revanche, elle est souvent opaque et n'aborde pas ce qui est sous-jacent. Dans tous les cas, vous devez vous tenir informé des perspectives et des stratégies exposées par la direction générale et les prendre en compte. Ne tombez pas dans l'attitude, souvent observée, qui consiste à faire fi de ce type de communication sous prétexte qu'il est souvent qualifié de langue de bois.

Mais vous devez aussi chercher à en savoir plus, à décrypter les non-dits, les sous-entendus, les omissions : que cache telle info ? Quelles seront les répercussions sur les divers départements, services, activités, des perspectives annoncées. C'est souvent avec surprise que les salariés apprennent que telle société va être absorbée, ou que telle branche d'activité va être cédée.

Il faut donc rester vigilant (ce qui est l'adjectif lié au mot : veille) et attentif aux signaux de l'entreprise. Vous avez « testé » votre entreprise. Voyons maintenant quelles peuvent être les répercussions sur vous-même de quelques indications que vous avez repérées (cet inventaire ne peut prétendre à l'exhaustivité et les items sont donnés à titre d'exemple. À vous d'appliquer le même questionnement à d'autres cas de figures vous concernant dans votre propre environnement) :

SIGNAUX D'ORDRE GÉNÉRAL :

– Le lancement d'un nouveau projet, d'un nouveau produit :
  → *Question à se poser : Si je n'y suis pas directement impliqué, comment faire pour ne pas en être tenu à l'écart.*

– L'abandon d'un projet :
  → *Quelles en seront les incidences, y compris pour ceux qui n'y étaient pas directement impliqués.*

– Le redécoupage des régions commerciales, que ce soit dans le sens de la création de « nouvelles régions », ou dans le sens d'une centralisation :
  → *Comment vont se répartir les nouvelles responsabilités ? Que vont devenir les postes en doublon ?*

– La délocalisation dans un autre pays de certaines directions :

→ *Pourquoi cette délocalisation (désaveu, ou mesure économique) ? Quelles seront les incidences sur l'organisation nationale et les autres directions restées en France ? Ce mouvement de délocalisation va-t-il s'arrêter là ?*

– Le changement du système de gestion, la mise en place d'un ERP, ou le remplacement d'un ERP par un autre :

→ *Quelles seront les incidences sur le fonctionnement des services, et pas seulement du point de vue de la gestion ? L'autonomie de décision restera-t-elle la même ?*

– Les changements rapides et successifs de directeurs :

→ *Cela traduit toujours un malaise dans le fonctionnement, les perspectives ou la stratégie de l'entreprise. C'est une donnée à mettre en corrélation avec les autres signaux pour tenter d'identifier l'origine de ce malaise.*

– Les visites d'étrangers qui ne sont pas des clients :

→ *S'agit-il de repreneurs éventuels, de gens avec qui on va fusionner ou qui vont être absorbés ? Quelles seront les incidences de ces mouvements sur l'organisation, la stratégie, les structures décisionnelles, la répartition des effectifs ?*

– L'évolution des effectifs : L'entreprise recrute

→ *Dans quels secteurs ? Pour quels types de postes ?*

– Le non remplacement des départs et l'absence de recrutements :

→ *Est-ce général, ou bien ces mesures touchent-elles un secteur ou un type de fonctions particulières ?*

→ *Suis-je dans un secteur ou progression, ou en récession ?*

– L'évolution des rémunérations :

→ *Y a-t-il progression ou gel des augmentations et des primes ? À quelles catégories de cadres sont attribuées les primes quand elles sont sélectives et comment sont-elles calculées ?*

→ *Suis-je dans la catégorie des cadres qui connaît des progressions, ou est-ce que je passe toujours à côté ?*

SIGNAUX D'ORDRE PERSONNEL :

– L'arrivée (le « parachutage ») d'un nouveau responsable, jeune et « super diplômé » :

→ *Cela va-t-il insuffler une nouvelle dynamique ou vais-je seulement être « coiffé » sans espoir d'évolution ?*

– Le désaccord avec votre responsable :

→ *Pourquoi ne suis-je plus en phase avec les objectifs ?*

– La participation aux réunions :

→ *Suis-je invité à participer à des réunions de direction, ou bien est-ce que je ne suis plus convié à certaines réunions auxquelles je participais naguère ?*

– La disponibilité de votre patron :

→ *Attention : si votre patron n'a plus de temps à vous consacrer, si vous devez formaliser les rendez-vous pour lui parler, ce n'est pas bon signe.*

– Même s'ils paraissent secondaires, ces deux derniers points sont à prendre très au sérieux pour la confiance et la crédibilité qu'on vous accorde.

b2. *Les attitudes, la communication*

Face à ces signaux, une attitude passive et attentiste n'est certainement pas la bonne. Ce n'est pas parce que vous êtes le bon technicien de votre partie, ni même l'expert ou « la référence », que la promotion vous est due. Surtout si vous n'êtes jamais sorti de votre sphère et qu'on ne vous connaît qu'à travers votre expertise technique. La responsabilité de service ou de département que vous espériez exige bien évidemment des qualités de management des hommes, de gestionnaire, voire de commercial que vous n'avez jamais montrées. Mais peut-être ne voulez-vous pas prendre de responsabilités de management et préférez rester l'expert que vous êtes. Pourquoi pas ? Dans tous les cas, veillez à ce que votre expertise ne devienne pas obsolète et qu'elle corresponde toujours à un besoin fort de l'entreprise. Une expertise doit aussi se développer.

Pas d'attentisme non plus lorsque vous percevez des signes de fêlures, de fractures, de changements comme une délocalisation ou une *externalisation* d'activités : « faire le dos rond », s'accrocher à son activité, vouloir donner l'impression qu'on y est indispensable alors que cette activité est en déclin... bref, « laisser passer l'orage », est une autre mauvaise attitude. Il ne faudrait pas non plus s'imaginer que, lorsque les signaux sont positifs, on sera tout naturellement porté par le mouvement et qu'il suffit simplement « d'être là » pour bénéficier de l'évolution.

Dans le cadre de l'évolution interne, ce que l'on donne à voir de soi est le produit du long terme (contrairement au recrutement où il faut se faire connaître en quelques entretiens d'une heure). Attention donc à ce qu'on ne connaisse pas seulement de vous qu'une seule facette – forcément restrictive même si elle est valorisante. Ne soyez pas le bon technicien qu'on ne voit pas diriger un labo, le bon vendeur qu'on ne voit pas diriger la force de vente d'une région, le bon contrôleur de gestion qu'on ne voit pas prendre des responsabilités de DAF.

Vouloir changer sans se positionner dans une projection conduit souvent à ce type de dialogue :

– DRH : *« Pourquoi voulez vous changer ? »*
– Salarié : *« Parce que cela fait X années que je suis au même poste et que mon salaire n'augmente pas. »*
– DRH : *« Changer pour aller où ? »*
– Salarié : *« Vous devez bien avoir des idées. On doit quand même me connaître dans la maison. »*
– DRH : *« Mais vous êtes très bien là où vous êtes. Et puis vous savez que, de toute façon, les augmentations de salaires sont gelées en raison de la conjoncture. »*

(Variante, lorsque l'entreprise est ouverte et a de l'argent).

– DRH : *« Allez donc faire un Bilan de Compétences, pour découvrir ce vers quoi on pourrait vous orienter. »*

Se faire connaître sous d'autres aspects, c'est intervenir dans les réunions et se porter volontaire pour concrétiser un certain nombre de préconisations émises (même si cela constitue une charge de travail supplémentaire) ; c'est être prêt à participer à des groupes de travail transversaux : qualité, projets de réorganisation des bureaux, mise en place d'un nouvel ERP...

Il faut également savoir anticiper sur les mouvements prévisibles de l'entreprise, savoir communiquer et s'adapter. La faculté d'adaptation se manifeste autant, sinon plus, dans la capacité à évoluer positivement dans l'effervescence ou les turbulences de l'entreprise, qu'à passer d'une entreprise à l'autre. D'ailleurs, dans les entreprises, **les entretiens annuels ne sont plus seulement des entretiens d'évaluation mais aussi** (et de plus en plus) **des engagements d'objectifs.** Communiquer, c'est savoir en tirer profit pour exposer, proposer et affirmer ses engagements. Mais s'en tenir à ce seul rendez-vous formel ne suffit pas. C'est dans le courant de son travail tout au long de l'année que l'on fait connaître ses compétences de base, ses compétences transposables, son potentiel et ses motivations, en fonction des besoins de l'entreprise. Et ce, que ce soit pour évoluer dans le fil de sa fonction actuelle, ou pour se désenclaver et s'ouvrir à un nouveau secteur.

INTERMÈDE

Voici un petit jeu-test pratiqué dans les séminaires de créativité (et que nous avons repris dans nos séminaires de recherche d'emploi et de mobilité professionnelle) :

Consigne : Joignez les 9 points de ce carré en seulement 4 segments de droite, et *sans lever votre crayon.*

Solution : *voir à la fin de ce chapitre*

Ce petit exercice montre que **pour trouver la solution, il faut sortir du cadre.** La consigne ne vous en empêchait nullement. Mais voilà : souvent, alors que nous sommes libres de choisir et d'agir comme nous le souhaitons, nous nous enfermons nous-mêmes dans des contraintes que nous nous imposons. Ce sont tous les « on doit faire comme ceci », « il paraît qu'il ne faut pas faire comme cela... » Aussi et même s'il ne s'agit que de *revenir au cœur de votre métier,* **sortez du cadre** ; allez voir ailleurs ; allez voir à l'extérieur ; informez-vous de ce qu'il y a autour et à côté ; enrichissez-vous des apports extérieurs. Les solutions ne surgissent pas de l'enfermement, mais des ouvertures.

Revenons sur les cas de Jérôme, Pierre et Henri. Que s'est-il passé avant la rupture, lorsqu'ils étaient encore dans leur ancienne entreprise ?

Jérôme est dans le scénario de l'impasse : l'entreprise voit ses marchés diminuer et n'a pas de produits de renouvellement. Le poste de directeur commercial régional de Jérôme est supprimé. Mais c'est lui qui organisait l'accueil et la formation des forces de vente. Il possède donc des compétences transposables, un savoir-faire connu et reconnu qui lui permettent de se repositionner à l'intérieur même de son entreprise et de prendre en charge l'ensemble du plan de formation.

Peut-être Pierre serait-il resté dans la fonction audit s'il n'y avait eu cassure : ce pan d'activité détaché de la société mère pour devenir une société autonome. Mais Pierre possédait suffisamment de compétences comptables, connues et appréciées de tous pour qu'on lui confie le poste de chef comptable de la nouvelle société (que d'autres ne voulaient pas, il faut le dire). Il a ainsi acquis des références dans ce métier, alors que ses références d'auditeur n'avaient pratiquement de reconnaissance et de valeur qu'en interne.

Mais, direz-vous, tout cela s'est quand même traduit par des pertes d'emploi au final... Certes, mais ces pertes étaient inéluctables. Ce qui importe, c'est que l'expérience que possède Jérôme, de la constitution d'équipe et de la formation de forces de vente, a joué un rôle déterminant dans la perspective de développer un nouveau pôle régional pour sa nouvelle entreprise. Quant à Pierre, c'est son expertise de l'audit qui a fait la différence. *Mais il n'aurait même pas pu postuler au poste de directeur comptable s'il n'avait pas pu justifier d'une pratique de ce métier.*

Sans ces expériences « hors du cadre », la reconversion de l'un et de l'autre aurait été bien plus problématique.

Henri, lui, s'engouffrait personnellement dans une impasse à l'intérieur d'une entreprise en progression (même si elle « resserrait les boulons », ce qui était le fait d'une bonne gestion). Henri a anticipé et pris le risque de réagir alors qu'il était en phase constructive, avant d'être lui-même sur le déclin. Ce réflexe lui a permis d'être plus fort, plus sûr de lui et donc plus convaincant lorsqu'il a fait ses offres de service aux dirigeants de PME.

Bien souvent, parce qu'ils ont attendu et essayé de tenir malgré tout, les cadres ont du mal, dans une situation analogue à celle qu'a connue Henri, à remonter la pente, à se « remettre en selle ». Lorsque l'échéance arrive, ils sont fatigués, ont perdu beaucoup de leur énergie et, surtout, beaucoup de confiance en eux-mêmes.

***

Pour illustrer par un cas concret les préceptes énoncés dans ce chapitre, voici un exemple d'évolution interne positive. De tels cas de réussite sont nombreux et, redisons-le, c'est bien là ce qui fait la vie de l'entreprise.

Gilbert, 35 ans, titulaire d'une maîtrise de gestion, est entré dans cette grande entreprise à la faveur d'un stage. À l'époque, le centre logistique se réorganise et Gilbert est intégré dans l'équipe chargée de la mise en place du nouvel ERP. Ses connaissances universitaires toutes fraîches ainsi que son autorité naturelle, sont très vite appréciées de l'équipe d'encadrement en place, avant tout des hommes de terrain. L'ampleur du sujet dépassant le cadre du stage,

Gilbert est embauché et ne tarde pas à prendre la tête du projet, l'équipe « ancienne » assurant la gestion du centre au quotidien. Une fois le projet mis en place, Gilbert devient responsable du planning. Au fil des mois, l'outil se montre performant et le centre logistique s'ouvre à l'international. Vont y transiter les produits à destination de l'Europe du sud : Italie, Espagne. C'est Gilbert qui est chargé d'organiser, de gérer, de planifier, ces nouveaux flux. Une diversification importante et passionnante qu'il mène avec brio. Seulement voilà : une fois cette extension réalisée, la responsabilité de la planification qui incombe à Gilbert n'évolue plus guère. Or Gilbert est entreprenant, il a envie de diriger des hommes... De fait, il finit par se sentir relativement seul devant ses ordinateurs.

Il fait part à son DRH de ses souhaits d'évolutions dans le groupe. Oui... mais vers quoi ? Bien sûr, on le connaît, on apprécie sa rigueur, ses compétences informatiques, son sens de l'organisation, son autorité... mais que peut-on lui confier d'autre ? De fait, jusqu'ici, il a mis en place l'ERP et il n'a fait que de la planification. Faire de la planification ailleurs ? Aucun intérêt pour Gilbert qui souhaite bouger, évoluer, faire autre chose. Le DRH lui propose un bilan de compétences que Gilbert accepte. De ce travail de bilan, il ressort que notre responsable du planning possède un réel potentiel dans le management des hommes et que sa qualité principale n'est pas tant la planification que la capacité à organiser, mettre en place. C'est sur la base de ces conclusions que Gilbert rencontre de nouveau son DRH. Message compris lui assure ce dernier, qui lui demande de « faire confiance et de patienter ».

Quelques mois plus tard, l'inquiétude grandit à propos d'une usine du groupe dont la production n'est plus adaptée, les livraisons mal assurées et les pertes d'argent croissantes. On propose alors à Gilbert de prendre la responsabilité de la production de cette usine. Il accepte avec enthousiasme. Certes il ne chômera pas mais ce challenge correspond à ce qu'il souhaite. En quelques mois, Gilbert réorganise les chaînes et les cycles de production, réaffecte le personnel (et le tout sans licenciement !). Une belle évolution pour ce diplômé d'une maîtrise de gestion qui a commencé son parcours par l'informatique et le planning !

Voir l'intermède dans ce chapitre.

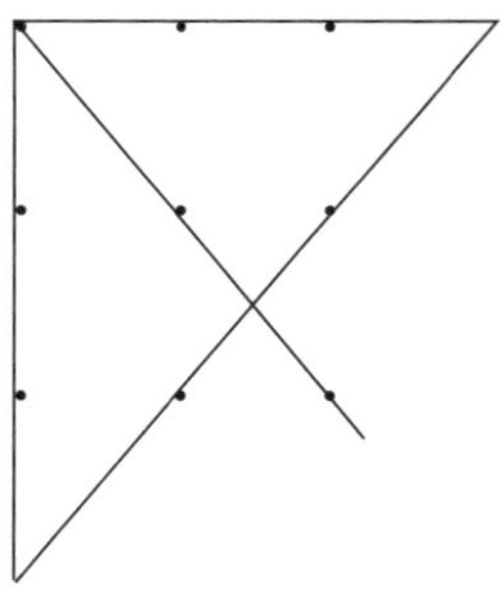

***

Pour conclure ce chapitre, nous vous proposons deux tests.

Si vous êtes actuellement en poste, vous serez davantage concerné par le premier : « Dois-je changer d'entreprise ? »

Le deuxième peut vous concerner dans tous les cas, que vous soyez en poste ou à la recherche d'un nouvel emploi : « Pour quel genre d'entreprise suis-je fait ? »

TEST

DOIS-JE CHANGER D'ENTREPRISE ?

Ce test est construit sur les trois niveaux de préoccupation qui sont à la base de vos interrogations sur l'opportunité de changer ou non d'entreprise : la situation de votre société, votre propre situation au sein de l'entreprise, vos aspirations personnelles.

Voici 27 questions auxquelles vous répondrez dans la colonne « VRAI » ou « FAUX » en entourant la lettre correspondante.

Lorsque vous aurez répondu à toutes les questions, prenez en compte les scores majoritaires entre : T et V, W et X, Y et Z.

Reportez-vous à la lecture des résultats correspondant à ces « triplettes ».

QUESTIONS

	VRAI	FAUX
1 • Mon entreprise affiche des perspectives de recrutement positives pour l'année à venir	T	V
2 • Toutes les augmentations de salaire ont été gelées	V	T
3 • Cela fait plusieurs années que je stagne et que ma fonction n'évolue pas	X	W
4 • J'ai de plus en plus de mal à voir mon patron	X	W
5 • J'ai toujours évolué selon mes souhaits	Y	Z
6 • Je vis de plus en plus mal le stress professionnel	Z	Y
7 • Si c'était à refaire, je ferais vraiment tout autre chose	Z	Y

	VRAI	FAUX
8 • Dans mon entreprise, nous développons actuellement de nouveaux produits (ou services)	T	V
9 • Mon salaire a été augmenté (ou j'ai touché une prime)	W	X
10 • Je pense surtout aux vacances et à la retraite	X	W
11 • Je me suis adapté aux circonstances plus que je n'ai choisi ma voie	Z	Y
12 • Je souhaite continuer encore dans ce que je fais	Y	Z
13 • Nous avons changé plusieurs fois de directeur ces derniers temps	V	T
14 • On m'a confié récemment des responsabilités plus importantes	W	X
15 • Je fais un métier que j'aime	Y	Z
16 • Ma vie de famille est bien remplie, malgré ma charge de travail	Y	Z
17 • Dans ma société, on parle de délocalisation	V	T
18 • Dans ma société, les nouveaux postes à responsabilités sont donnés à des jeunes diplômés	X	W
19 • Cette année, la participation a été importante dans ma société	T	V
20 • Je ne suis pas convié aux réunions touchant aux nouveaux projets	X	W
21 • La conjoncture est très mauvaise dans notre secteur d'activité	V	T
22 • On vient fréquemment me consulter	W	X
23 • Des rumeurs circulent sur un rachat ou une restructuration dans ma société	V	T
24 • Je commence à venir au travail à reculons	Z	Y
25 • Mon entreprise vient de gagner des parts de marché	T	V

	VRAI	FAUX
26 • Je ne fais pas partie des prioritaires dans le plan de formation	X	W
27 • Je suis toujours plein d'énergie et d'idées	Y	Z

RÉPONSES

Votre « triplette » majoritaire est :

■ T.W.Y : Tout va bien

C'est le cas de figure le plus favorable : vous estimez que les résultats et les perspectives de votre entreprise sont plutôt positifs ; votre position personnelle et votre évolution semblent satisfaisantes et, finalement, ce que vous faites répond à vos aspirations. Pourquoi changer ? Dans l'immédiat, il n'y a peut-être pas urgence, en effet. Mais ne vous endormez pas, continuez à faire ce qu'il faut pour évoluer et faire évoluer vos compétences. Et, qui sait, si vous savez vous montrer performant – et faites-le savoir – sur un créneau où les compétences sont recherchées, peut-être serez-vous sollicité par quelques « chasseurs de têtes ». Ne les éconduisez pas.

■ T.W.Z : Tout va bien mais...

Entreprise en progression, bonne évolution et bon positionnement à l'intérieur de l'entreprise... tout va bien. Hélas, cette situation favorable à laquelle vous êtes parvenu (par opportunité, par votre travail) ne correspond pas vraiment à vos véritables aspirations. Changer ? Réfléchissez bien : est-ce opportun ? Est-il encore temps ? Rattraper ses aspirations profondes alors qu'on a déjà évolué dans sa profession et ses responsabilités est souvent un choix plus radical qu'il n'y paraît. Mais on a vu aussi de belles reconversions.

T.X.Y : Le temps de la réflexion

Votre entreprise va bien, vos aspirations personnelles sont satisfaites, mais vous ne progressez pas (ou plus) dans votre structure. C'est le moment de vous arrêter et de réfléchir : n'êtes-vous pas en train de céder à la facilité ? Si vous ne voulez pas vous laisser enfermer, ou mettre sur la touche, réagissez, « montez au créneau », acceptez de prendre des responsabilités, même si cela vous paraît dur. Si un jour vous devez, par décision personnelle ou nécessité, changer d'entreprise, c'est sur cette volonté et cette capacité à la prise de responsabilités que vous assurerez votre crédibilité pour la suite.

T.X.Z : Le risque de l'habitude

Votre entreprise progresse, mais pas vous. De surcroît, vous n'êtes pas fondamentalement satisfait de ce que vous faites. Qu'attendez-vous pour aller voir ailleurs ? Ne vous laissez pas gagner par l'habitude et le compromis vis-à-vis de vous-même. Ce genre de faux confort dans lequel vous risquez de vous complaire est dangereux. Bien sûr, quitter votre entreprise c'est prendre des risques. Mais il en va de la carrière comme de la compétition sportive : c'est en ne voulant pas prendre de risques qu'on se fait dépasser. Ensuite il devient très difficile de remonter.

V.W.Y : Le moment de choisir

L'évolution de votre entreprise ne paraît pas favorable, mais vous y connaissez une belle progression et ce que vous faites correspond à vos aspirations. Vous voici donc confronté à un choix stratégique d'importance : rester, ou partir ? Les deux options ont leurs avantages (et leurs inconvénients). Partir, cela peut permettre de saisir de belles opportunités (peut-être au détriment de belles aspirations). Rester, cela peut permettre d'être l'homme (la femme) de la situation dans les moments difficiles. Un conseil : de toute façon, allez voir au-dehors. Ce n'est qu'en ayant analysé les opportunités extérieures et comparé avec les perspectives internes que vous pourrez vraiment faire ce choix.

V.W.Z : Loin de vos aspirations

Vous connaissez une bonne progression dans une entreprise dont la situation ne semble pas très favorable, mais votre situation personnelle ne correspond pas (ou plus) à vos aspirations. Puisque votre positionnement professionnel dans votre entreprise est favorable, vous êtes en position de force. Donnez-vous la possibilité de rechercher une entreprise – ou un secteur d'activité – plus porteurs, et où vous pourrez mieux vous exprimer et vous épanouir.

■ V.X.Y : Il ne suffit pas d'aimer ce que l'on fait

Vous ne progressez pas (ou plus) dans une entreprise dont la situation ne semble pas des plus favorables. Mais voilà : vos aspirations personnelles sont satisfaites. Tant mieux pour vous ? Peut-être pas : dans une entreprise qui traverse de fortes turbulences, il ne suffit pas d'aimer ce que l'on fait et de se sentir bien où l'on est, il faut que l'entreprise ait besoin de vous ! Veillez aussi à ce que vos compétences ne deviennent pas obsolètes. Posez-vous cette question : quelle est mon « employabilité » en dehors de mon entreprise ? Quelle est ma valeur sur le marché ?

■ V.X.Z : Secouez-vous !

Votre entreprise ne va pas très bien, vous n'y progressez pas (ou plus) et ce que vous faites ne correspond pas à vos aspirations. Et vous êtes encore là ? Certes, il y a les contraintes économiques (traites à payer, éducation des enfants). Mais cela risque d'être bien pire si vous vous contentez de faire le dos rond et n'anticipez pas. Le plus grand risque, dans votre cas, est de ne pas en prendre. Bougez-vous, informez-vous : comment évolue votre métier, que font les entreprises de votre secteur, qu'est-ce qui se fait, qu'est-ce qui se passe dans les secteurs et dans les entreprises qui correspondent à vos aspirations, quelles sont les passerelles possibles ? Et même si dans votre secteur tout va mal, faites en sorte qu'à votre niveau personnel, vous soyez dans une position où on aura besoin de vous.

TEST

« Pour quel type d'entreprise suis-je fait ? »
Voici 16 affirmations. Pour chacune d'elles, indiquez si :
« Cela est très important pour vous » : colonne +
« Cela n'est pas important pour vous » : colonne –

	+	–
1 • Avoir une évolution de carrière	B	A
2 • Avoir l'initiative et l'organisation de mon activité	A	B
3 • Être directement responsable de mes résultats	A	B
4 • Être recruté par affinité avec le patron	A	B
5 • Être sécurisé sur le long terme	B	A
6 • M'appuyer sur des procédures établies	B	A
7 • Participer au travail d'exécution	A	B
8 • Trouver une organisation des tâches bien définie	B	A
9 • Ne pas être soumis au stress du court terme	B	A
10 • Trouver des circuits de décision courts	A	B
11 • Avoir des responsabilités polyvalentes	A	B
12 • Côtoyer mon patron	B	A
13 • Évoluer à l'international	B	A
14 • Tailler un poste à ma mesure	A	B
15 • Pouvoir évoluer dans des branches d'activité différentes	A	B
16 • Valoriser mon diplôme	B	A

RÉPONSES :

Bien sûr, vous voudriez tout ! Mais on ne peut pas tout avoir. Chaque type d'entreprise a ses avantages et ses contraintes. On doit bien faire un choix. Le vôtre :

Vous totalisez plus de 9 réponses A :

Vous êtes fait pour travailler dans une PME. Votre profil y convient et vos attentes vous y attirent. Vous avez besoin d'être en prise directe avec votre patron, d'être directement responsable de vos actes. Vous êtes polyvalent, vous aspirez à organiser (et *vous* organiser) vous-même sans passer par trop de procédures, et vous aimez bien, s'il le faut, « retrousser les manches ». Le contact personnel, l'adhésion aux valeurs et à la culture de l'entreprise sont pour vous très importants au moment du recrutement. Vous savez que votre ambition c'est d'abord la réussite de l'entreprise.

Vous totalisez plus de 9 réponses B :

Vos attentes et votre manière d'aborder le travail et l'évolution dans l'entreprise vous orientent davantage vers un grand groupe, avec des branches différentes et, des entités à l'étranger. En effet, c'est plutôt dans cet environnement que vous pourrez trouver pérennité, structures et méthodologies de travail stables, mais aussi et surtout possibilités d'évolution larges, hiérarchiques, fonctionnelles, et, pourquoi pas, internationales. Vous appréciez que le recrutement se fasse sur des critères objectifs (expérience, diplôme), et vous vous méfiez un peu de ce qui est impression subjective dans ce domaine.

CHAPITRE 3

COMPÉTENCES, BLOCAGES ET PROGRESSION

« Il faut que j'identifie mes points forts et mes points faibles, les compétences qui me permettront d'évoluer ailleurs, autrement... Peut-être même certains talents alliés à une solide formation m'offriront-ils des perspectives nouvelles ? à réfléchir... »

Entrons maintenant dans le concret de votre métier et de votre évolution professionnelle. Pour ce faire, nous vous proposons une approche nouvelle, en deux parties, de ce qui pourrait être un bilan de compétences : la récapitulation des compétences et le bilan dynamique d'évolution.

A. LA RÉCAPITULATION DES COMPÉTENCES[1]

Comme ce titre l'indique, il s'agit maintenant de procéder à l'inventaire de toutes vos compétences, c'est-à-dire vos acquis, savoirs, savoir-faire, connaissances techniques. Un recensement pas toujours facile à effectuer : souvent, lorsqu'on mène des bilans de compétences, on est frappé de constater à quel point les bénéficiaires restent dans de vagues généralités peu opérationnelles telles que : autonomie, sens relationnel… Autant de concepts flous qui ne caractérisent ni la personne, ni le métier, et qui peuvent être communs à pratiquement tous les salariés.

Pour que cette démarche de bilan vous soit utile, vous allez donc faire l'effort de caractériser davantage les aspects techniques, matériels, concrets, de votre métier et la manière dont vous l'exercez. C'est-à-dire montrer ce qui d'une part, « fait » votre professionnalisme, votre expertise et, d'autre part, ce qui vous distingue des autres professionnels qui exercent le même métier ou la même fonction que la vôtre.

Vous êtes, par exemple, Directeur administratif et financier : quelles sont vos compétences comptables, fiscales, en contrôle de gestion, juridiques (droit des sociétés, droit du travail), assurances… ? Sur quels aspects opérationnels êtes vous intervenu : investissements, consolidations, fusions, acquisitions, cessions… ?

1. Pour une approche plus détaillée, voir : Michel Gibert « Faire un bilan de ses compétences ». Éditions Rebondir.

Autre exemple : vous êtes Responsable de production : quelle est votre connaissance technique du process d'industrialisation, de la chaîne logistique, des plannings ? Sur quels points particuliers êtes-vous intervenu : cercles de qualité, formation de la maîtrise et des techniciens de production, actions de coordination avec les fournisseurs et les autres usines du groupe... ?

Essayez de n'oublier ni ce qui vous paraît déjà ancien, ni ce qui vous paraît évident dans la pratique quotidienne de votre métier. Ce qui est évident pour vous, est peut-être justement ce qui va intéresser l'entreprise. On s'en rend bien compte lorsqu'on pratique le recrutement : bon nombre de candidats omettent d'informer – ou passent sous silence – certains éléments de leur profil ou de leur qualification qu'ils estiment élémentaires, basiques, évidents pour eux... alors que c'est justement ce qu'on cherche !

Pour effectuer ce bilan, la technique est simple :

- Dédiez une feuille de papier à chacune des étapes de votre parcours professionnel (ce qui correspond aux principaux paragraphes de votre CV) : chaque fois que vous avez soit changé d'entreprise ou, au sein de la même entreprise, de service, de fonction ou de responsabilité, notez alors sur chaque feuille, vos 5 ou 7 missions principales.
- Une fois ce travail de récapitulation terminé (vous n'avez rien oublié, rien négligé), reprenez vos documents et notez, pour chacune des étapes, les compétences techniques, acquis, savoir et savoir-faire que vous avez

mis en œuvre. Notez-les bien pour chaque étape, même s'ils se répètent.

- Vous allez maintenant noter ces compétences, acquis et savoir-faire par *fréquence* d'apparition : vous déterminerez ainsi votre **corps de métier.**
- Enfin, vous allez les noter par *date* d'apparition et, éventuellement, date de disparition : vous déterminerez ainsi **l'évolution** de votre métier.

Mais n'oublions pas notre objectif : la projection dans l'avenir, dans le poste futur. Un bilan ne sert donc à rien s'il n'est que la compilation du passé. Les divers classements de vos compétences constitueront la base de votre **offre professionnelle.** À vous de choisir, de déterminer, si ce que vous allez mettre en avant sera constitué de votre corps de métier, ou plutôt de la manière dont il a évolué (Reportez vous aux cas de Jérôme et de Pierre).

Nous insistons sur les aspects techniques et concrets du métier, mais il est évident que la dimension de ce que l'on appelle « les motivations » est tout aussi importante dans un bilan de compétences. Toutefois, « les motivations » restent pour nous un concept flou et, sans un cadre méthodologique, on risque de n'avoir à considérer que des généralités peu opérationnelles (en caricaturant : « ce qui me motive, c'est la motivation »).

C'est pourquoi nous vous proposons cette approche nouvelle : **« Le bilan dynamique d'évolution ».**

B. LE BILAN DYNAMIQUE D'ÉVOLUTION

Ce bilan dynamique est un peu plus complexe que le bilan simple traditionnel. Il exige un effort de mémoire et de réflexion plus importants. Mais il vaut la peine d'être mené car il constitue, pour celui qui l'entreprend, un moyen de prendre conscience et de s'approprier tout ce qu'il a mis en œuvre, apporté, **créé**, dans son travail ainsi que **l'évolution** de ses fonctions. Pour résumer : tout ce qui fait qu'il n'en est pas resté au même point. Au fil des étapes, vous allez déceler des facteurs de progrès, mais aussi des facteurs de stagnation, voire de régression : autant d'éléments dont il faudra tenir compte pour l'avenir. Vous identifierez également tout ce qui est lié à ces facteurs : éléments techniques, éléments de personnalité, éléments d'environnement.

Sur la base de l'identification de vos compétences, ce **bilan dynamique** vous donnera les lignes de force (ainsi que les points de faiblesse et de blocage) de votre projection.

Méthodologie :

Reprenez le découpage de votre parcours professionnel, celui que vous avez retenu lors du recensement de vos compétences : chaque fois que vous avez changé d'entreprise, soit, au sein de la même entreprise, chaque fois que vous avez changé de service, de fonction, ou de responsabilité...

1 – Faites un descriptif de chaque poste (en 5 ou 7 points) :

- À la **prise de fonction** : comment il vous a été décrit, présenté, quel était son contour, quelles en étaient les missions et les responsabilités principales.

- Au moment où vous avez **quitté la fonction** : contours, attributions, missions, responsabilités, méthodologies, manière de travailler.

2 – Notez les **évolutions quantitatives** du poste :

- Budget du service
- Chiffre d'affaires
- Effectifs
- Volumes produits ou vendus
- Dimension du secteur géographique
- ...

Ces évolutions peuvent aller dans le sens de l'accroissement mais aussi dans le sens de la diminution.

Pour chaque évolution, notez :

- Ce qui est imputable à la politique globale de l'entreprise
- Ce qui est imputable à votre action personnelle
- Les actions que vous avez menées pour gérer ces évolutions
- Les conséquences et les leçons que vous en avez tirées.

3 – Les **évolutions qualitatives du poste**

a) *Les évolutions positives* : Entre le moment où vous avez pris le poste et le moment où vous l'avez quitté (ou le moment actuel si vous êtes toujours en fonction), qu'avez vous fait **en plus**, qu'avez-vous fait de **différent**, par rapport aux attributions initiales.

Exemples :

- Encadrement

- Formation
- Actions qualité
- Actions marketing
- Lancement de nouveaux produits ou services
- Nouveaux process
- Informatisation
- (Autres)

→ Pour chaque point que vous avez identifié, notez :

- Si vous avez été à l'initiative de ces enrichissements de votre poste
- S'ils vous ont été demandés et pourquoi : quels caractéristiques, atouts, compétences vous étaient reconnus.

→ Notez ce que vous y avez **appris** de nouveau par rapport à vos connaissances antérieures.

Exemples :

- Technique (il s'agit de la technique du métier : technique comptable, boursière, aussi bien qu'électronique ou informatique).
- Méthodologie
- Organisation
- Management
- Négociation
- (Autres) : ...

→ Notez les **actions personnelles** que vous avez menées et ce que vous en avez retiré :

Exemples :

- Affirmation
- Confiance en soi
- Autorité
- Plaisir, satisfaction personnelle
- Enrichissement intellectuel, ouverture
- Progression des responsabilités
- (Autres) : ...

b)*Les évolutions négatives ou nulles*

→ Qu'avez-vous **cessé de faire** entre le moment où vous avez accepté le poste et le moment où vous l'avez quitté. (Inspirez-vous des exemples cités plus haut).

Pour chaque point identifié, notez la raison :

Exemples :

- Désintérêt de votre part
- Redécoupage des fonctions
- Centralisation ou délocalisation des responsabilités
- Arrivée à leur terme de missions ponctuelles
- (Autres) : ...

→ Qu'avez-vous **fait** face à cette situation :

Exemples :

- Quitté la fonction
- Gardé le poste dans sa nouvelle définition

– Pris de nouvelles responsabilités
– (Autres) : ...

→ Qu'avez-vous **retiré** personnellement de ces expériences :

Exemples :

– Adaptabilité
– Résistance au stress
– Pragmatisme
– Volonté et capacité à aller voir autre chose ailleurs
– (Autres) : ...

→ Si la définition et les attributions d'un poste n'ont absolument **pas changé** :

– Avez-vous essayé de faire évoluer le poste ?
– Pourquoi n'y êtes-vous pas parvenu ?
– Qu'est-ce qui vous a décidé à changer ?
– Lorsque vous avez changé, ce fut pour faire quoi :
La même fonction avec des perspectives d'évolution
Une fonction sensiblement différente

Et ce :

– Dans le même secteur d'activité, ou bien un secteur différent.
– Dans le même type d'entreprise, ou dans une entreprise de nature différente.

→ Identification des **points de blocage**.

Si on ne progresse plus, ce peut être, légitimement, pour des raisons de compétences, de capacités personnelles : obsolescence des connaissances techniques, manque d'aptitude au management, manque d'aptitudes commerciales...

Ce peut être lié aux conditions de travail : manque d'autonomie, d'initiative, objectifs peu clairs, encadrement pesant, lourdeur du travail administratif, travail non évolutif dont « on a fait le tour ».

Mais c'est aussi souvent lié à des facteurs humains, relationnels et culturels : mauvaise ambiance, mésentente avec le supérieur direct, non adhésion aux (nouveaux) objectifs de l'entreprise...

Réfléchissez-y : de bonnes compétences (technique, management) peuvent se dégrader dans un climat de travail conflictuel et dénué de confiance.

c) *Les évolutions entre 2 postes successifs* :

Changer de poste, de fonction, de service, d'entreprise, ce n'est jamais pour faire la même chose. Les raisons et les modalités des changements sont toujours très riches d'enseignements.

Reprenez les étapes de votre CV et analysez ce qui s'est passé **entre** les paragraphes, c'est-à-dire dans le passage entre deux postes (c'est ce que font les recruteurs).

→ Notez ce qu'il y avait de **différent** entre les deux postes, les points du nouveau poste que vous **ne**

connaissiez pas avant (ou dont vous n'aviez qu'une connaissance théorique mais que vous n'aviez pas pratiqué) : technique, méthodologie, produit, nouveau marché...

→ Notez enfin en quoi ce changement vous intéressait et **en quoi vous intéressiez** pour que l'on vous ait choisi et recruté pour le poste.

d) *Synthèse :*

Faites d'un côté la synthèse des points de blocage : vous obtiendrez ainsi la description du poste ou du type de fonctionnement d'entreprise qui ne vous conviendrait pas.
Faites surtout la synthèse de tous les points d'évolution que vous avez notés : technique, commercial, organisation, méthodologie, management, créativité...

→ Vous obtenez le descriptif opérationnel de votre **potentiel dynamique d'évolution.** Étayé par l'inventaire de vos compétences professionnelles actuelles et actualisées, c'est le cœur de votre projet, disons plutôt de votre **offre professionnelle.**

C. LA FORMATION COMPLÉMENTAIRE

Faire son bilan, c'est aussi identifier des manques, des lacunes. Certains, déjà, vous ont peut-être handicapé dans votre parcours, vous empêchant d'accéder à des responsabilités auxquelles vous aspiriez, ou encore d'aborder un secteur professionnel nouveau qui vous aurait permis de sortir d'une impasse. D'autres risquent peut-être de manquer à votre *offre professionnelle* et d'être un frein dans ce que sont aujourd'hui vos objectifs d'évolution. C'est ici que se pose la question de la formation complémentaire. Elle est souvent nécessaire dans une évolution de carrière, mais elle n'est pas une fin en soi.

Les conseillers en outplacement reçoivent souvent des cadres dont la première demande est : « Je veux faire une formation » (sous-entendu : « Un budget formation est attaché au PSE de l'entreprise qui m'a licencié »). Ce type de remarque en appelle deux autres. La première : les salariés doivent-ils attendre d'être licenciés pour bénéficier d'un budget formation conséquent ? La deuxième : la formation n'est pas une fin, mais un **moyen.** Il faut toujours se poser la question : « **Une formation pour quoi faire ?** ». Mais ce ne sont pas là les deux seules réflexions auxquelles nous convie la question de la formation. Par exemple : même si telle ou telle connaissance technique vous a manqué à un moment de votre carrière, est-il vraiment utile d'y revenir après coup ? **Mettez-vous en perspective, situez-vous dans une « dynamique projective ».**

Commencez par vous demander : « Quel point de mon parcours dois-je renforcer pour pouvoir prétendre exercer les emplois, les fonctions que je vise ? » Classiquement, un technicien aura souvent besoin de se former à la gestion pour pouvoir assurer des responsabilités plus larges ; un commercial pourra se former au marketing, ou un logisticien aux achats, si ce sont là leurs projets. Mais attention : il arrive parfois qu'à l'issue d'une formation l'entreprise ne puisse pas – ou ne veuille pas – faire évoluer son salarié. Dans ce cas, et si ce dernier a entrepris sa formation dans une optique d'évolution de carrière, elle constitue souvent le tremplin qui permet d'accéder *ailleurs* à des responsabilités jugées inaccessibles dans son entreprise.

Le travail de « veille active » trouve aussi tout son intérêt en matière de choix d'une formation : l'analyse des offres d'emploi correspondant aux fonctions que vous ciblez vous renseigne très précisément sur ce qui est aujourd'hui couramment exigé des candidats. Et donc sur ce que vous devez éventuellement apprendre pour vous mettre au niveau.

Pour certains se pose la question de l'intérêt de la formation supérieure « diplômante ». Les raisons sont multiples : en général, il peut s'agir de combler des lacunes en matière de culture générale, pour des autodidactes, ou de pouvoir justifier d'un niveau de diplôme supérieur, sésame pour accéder à des niveaux de responsabilité supérieurs. Il est vrai que les bénéfices de ces formations sont parfois contestés. Aujourd'hui, on entend souvent dire : « À partir d'un certain niveau, expérience vaut diplôme ». Ou bien : « Un diplôme en formation continue ne remplace pas l'expérience. ». C'est vrai, mais ce serait réduire l'intérêt d'une formation diplômante à une mention supplémentaire sur votre CV. Or, l'intérêt d'une formation diplômante est de vous apporter une vision théorique plus large qui va vous permettre de prendre du recul par rapport à la pratique quotidienne, donc de mieux vous situer à des niveaux organisationnels, décisionnels et, enfin, d'appréhender d'autres paramètres de la fonction que ceux que vous avez l'habitude d'utiliser. Car l'un des principaux « reproches » que peuvent faire les recruteurs aux autodidactes, c'est justement d'avoir « le nez dans le guidon » et de manquer de recul pour transposer leur savoir-faire terrain à des problématiques différentes et plus larges que leur pratique habituelle. (Nous reviendrons sur ce point dans le chapitre 5).

Pierre Veltz écrit[1] : « (Les entreprises) ont besoin de s'appuyer sur des spécialistes disciplinaires, mais ont tendance à privilégier pour une grande partie de leurs employés, des formations en amont, plus proches de celles que délivre le système scolaire que des formations spécifiques industrielles traditionnelles. Pour les employeurs comme pour les salariés, les diplômes sont d'abord une sorte *d'assurance redéploiement.* » Pensez-y au moment de choisir une formation, ne vous laissez pas duper par un intitulé « ronflant ».

Enfin, la formation, à tout moment de sa carrière, a cela de bon qu'elle vous remet en question, qu'elle fait travailler les neurones et découvrir des possibilités et des horizons nouveaux. Alors ne répondez pas, comme ce candidat face à une nécessaire reconversion professionnelle : « Retourner sur les bancs de l'école à 45 ans ! Vous n'y pensez pas, soyons sérieux ! »

1. Pierre Veltz : « Le nouveau monde industriel ». Op. Cité.

D. IDENTIFICATION DES AXES DE PROJECTION

Pour vous aider à mettre en perspective toutes les données que vous avez retirées du bilan dynamique, nous vous proposons un test qui a pour objectif de définir votre « **profil professionnel** ».

TEST

DÉCOUVREZ VOTRE PROFIL PROFESSIONNEL

Quel est votre mode de fonctionnement professionnel ? Quels sont les environnements, les types de métiers ou de fonctions qui vous conviennent le mieux ? Ce test permettra de répondre à ces questions. Et de réfléchir à vos réponses.

Voici 30 situations – générales, professionnelles, loisirs. À chacune correspondent deux réponses possibles. Choisissez celle qui, d'une manière générale, vous correspond le mieux, vous caractérise le plus. Même si le choix vous paraît impossible (soit parce que les deux réponses vous conviennent l'une comme l'autre, soit parce qu'aucune des deux ne semble vous correspondre), déterminez-vous malgré tout, c'est important.

- Pour répondre, entourez la lettre de la réponse choisie. Travaillez vite et de façon spontanée.
- Lorsque vous aurez répondu aux 30 questions, comptez le nombre de A, B, C, D, E, F.

– Retenez les 2 scores les plus élevés : ils indiquent votre type dominant et votre type secondaire. C'est l'articulation des deux qui détermine les grandes lignes de votre style personnel et de votre comportement. Ces deux types peuvent se compléter, s'enrichir l'un l'autre, ou au contraire s'opposer. Vous pourrez peut-être trouver la clé de votre moteur, ou l'origine de conflits internes ou de tiraillements.

Si vous trouvez plus de deux types dominants, posez-vous la question : sont-ils vraiment complémentaires, ou bien êtes-vous partagé entre des tendances diverses qui vous empêchent de vous affirmer ou de faire des choix.

1 • Ce que je préfère dans le travail :
- A – Produire quelque chose
- B – Trouver des solutions

2 • Ma caractéristique personnelle la plus forte :
- B – Le sens de l'observation
- C – La sensibilité

3 • Je lis plus volontiers :
- C – Des revues d'art
- D – Des revues consacrées à l'éducation

4 • Je suis le plus à mon affaire lorsque :
- D – Je participe à un travail d'équipe
- E – Je décide des grandes orientations de mon activité

5 • On dit le plus souvent de moi :
- E – Je suis responsable
- F – Je suis méthodique

6 • Si je devais choisir, je préférerais :
- A – Visiter le salon de l'auto
- C – Visiter une grande exposition de peinture

7 • Si j'en avais le temps, j'aimerais :
B – Travailler à des recherches personnelles
D – Participer à des actions humanitaires

8 • Ce qui me caractérise le plus :
C – Je suis imaginatif
E – J'ai un tempérament commercial

9 • Pour une meilleure efficacité, mon attitude principale est de :
D – Communiquer
F – Contrôler les résultats

10 • Si j'en avais la possibilité, j'aimerais exercer le métier de :
A – Metteur au point de moteurs
D – Éducateur spécialisé

11 • Je préfère :
B – Faire un audit
E – Gérer un budget

12 • Ce qui me caractérise le plus :
C – L'intuition
F – La rigueur

13 • J'estime que je dois avant tout être jugé sur :
A – Mes résultats
E – Mes décisions

14 • Je suis intéressé par :
B – Les maths
F – La comptabilité

15 • On dit de moi :
A – J'ai les pieds sur terre
F – Je suis méticuleux

16 • L'environnement professionnel dans lequel je me sens le mieux :
A – La production
B – La recherche

17 • Si j'en avais la possibilité, j'aimerais exercer le métier de :
B – Astrophysicien
C – Concepteur de jeux vidéo

18 • Le verbe qui me caractérise le mieux :
C – Créer
D – Aider

19 • On dit de moi que je suis :
D – Chaleureux
E – Fonceur

20 • Je suis attiré par :
E – Le management
F – Le contrôle qualité

21 • Dans mes loisirs, j'aime :
A – Bricoler
C – Assister à des concerts

22 • Pour faire avancer mes idées, j'ai besoin de :
B – Trouver des moments pour m'isoler
D – Rencontrer les autres

23 • Dans mes loisirs, j'aime exercer :
C – Une activité artistique
E – Un sport de compétition

24 • Le type de travail qui me convient le mieux :
D – Conseiller
F – Contrôler

25 • On dit de moi :
A – Je suis actif
D – J'écoute

26 • Je suis reconnu comme celui qui :
B – Trouve des solutions
E – Donne des directives

27 • Dans mon travail, j'aime :
C – Improviser
F – Ce qui est bien organisé

28 • On dit de moi :
A – Je ne suis pas diplomate
E – Je suis dominateur

29 • Mon opinion personnelle sur le travail :
B – Des règles trop strictes empêchent d'avancer
F – Sans règles précises on ne peut pas être efficace

30 • Ce que je préférerais si j'étais sur un site industriel :
A – Gérer un parc de machines
F – Mettre en place des normes qualité

2A

1D 5E
6C 6D 3F

RÉSULTATS

Vous comptez une majorité de A :

2

Vous êtes du type **CONCRET**. Homme ou femme, de terrain, à l'aise dans un environnement de production. Mais cela ne se limite pas au domaine industriel : vous pouvez aussi être commercial (e) ou administratif(ve). Dans tous les cas, en revanche, vous avez besoin d'être en contact avec le terrain. Vous êtes attaché à votre produit, à votre entreprise, vous appréciez les structures stables, organisées, les objectifs et les ordres clairs et précis.

Vous voulez qu'on vous juge avant tout sur les résultats de votre travail. Dans votre comportement, vous n'êtes pas toujours très souple ni très diplomate, vous n'aimez pas la « réunionnite », mais vous êtes quelqu'un de fidèle, sur qui on peut compter et qui, sous ses côtés un peu rudes, « gagne à être connu » !

Vous comptez une majorité de B :

6

Vous êtes du type **INVESTIGATEUR**. Vous êtes un homme, une femme d'analyse, de recherche, d'audit. Ce que vous appréciez : résoudre des problèmes, trouver des solutions. Pour vous intéresser vraiment, un travail doit comporter une « plus-value » intellectuelle. Vous n'appréciez ni les contraintes ni les procédures. Ce que vous aimez : qu'on vous fixe un objectif – valorisant et stimulant intellectuellement – et que l'on vous confie la mission de trouver des solutions.

Mais votre faculté à aborder les problèmes sous des angles différents s'accompagne aussi d'un esprit critique.

Vous devez apprendre à gérer cet esprit critique : pour « vendre » vos idées, il ne faut pas prendre les décideurs « à rebrousse-poil ».

Vous comptez une majorité de C :

Vous êtes du type **ARTISTE.** Même si vous ne l'êtes pas professionnellement, vous avez sans doute des goûts et des penchants artistiques. Quel que soit votre métier vous avez besoin d'exprimer votre créativité. Non seulement votre sensibilité est grande mais, de surcroît, vous avez besoin que votre entourage, votre environnement professionnel, comprenne cette sensibilité. Il est très important pour vous que votre personnalité propre puisse s'exprimer.

Chez vous, le rapport à l'autorité est tout sauf neutre : vous recherchez un patron qui ait une vraie dimension personnelle et/ou professionnelle, que vous respectiez, et avec lequel vous puissiez instaurer une relation forte de confiance mutuelle (dans le cas contraire, ça ne se passe pas forcément très bien).

Points à travailler : l'organisation, la planification de votre travail.

■ Vous comptez une majorité de D :

Vous êtes du type **SOCIAL.** Vous avez besoin de travailler avec les autres et pour les autres : travail d'équipe, projets de groupe, activités relationnelles. Les types de métiers qui vous attirent touchent aux activités d'aide, d'enseignement, de soins, de conseils. Vous pouvez aussi travailler dans des métiers de services techniques (SAV, conseil avant ou après-vente), ou la notion de relation avec les clients et les usagers est importante.

Vous donnez beaucoup de vous-même au risque, selon votre tempérament, soit de vous faire « phagocyter » par votre environnement, soit de devenir envahissant(e).

Attention à l'idéalisme et à l'ingérence dans ce qui sort de votre domaine.

■ Vous comptez une majorité de E :

Vous êtes du type **DÉCIDEUR**. Donc, le contraire d'un « suiveur ». Très vite dans un groupe, une activité, une structure, vous prenez l'ascendant. Par ambition personnelle, mais aussi parce que votre objectif est la rentabilité. Aussi bien pour vous que pour votre entreprise ou votre activité. Ce que vous recherchez, ce sont les fonctions qui demandent capacité d'organisation d'autorité, de gestion. Aussi bien de budgets que de personnes.

Vous êtes à votre affaire dans des environnements compétitifs. Mais vous avez trop le sens de vos intérêts pour vous aventurer à la légère. Pour autant, vous aimez la prise de risque. Vous pouvez être un entrepreneur.

Attention quand même à ne pas être trop dur avec votre entourage.

■ Vous comptez une majorité de F :

Vous êtes du type **RIGORISTE**. Vous êtes attaché(e) à la rigueur, à l'attention, à la précision. La ténacité est une de vos qualités. Loin de l'improvisation, pour vous la réussite et l'efficacité d'un travail passent par l'organisation, la planification. Non seulement vous intégrez sans difficulté les règles et les procédures, mais vous avez à cœur de les faire respecter et appliquer par les autres. Ce peut être aussi bien dans le domaine administratif (comptabilité) que dans le domaine technique ou organisationnel (qualité, méthodes, planification).

Restez ouvert(e) aux changements en cours ou prévisibles. Sachez remettre en cause vos habitudes et ne vous en tenez pas à vos compétences acquises, même si elles sont reconnues.

Conclusion de la première partie

DEMAIN, JE FAIS QUOI ?

Ces premiers chapitres nous l'ont montré : « définir son projet professionnel » reste une formulation intellectuelle et abstraite. Concrètement, dans le vécu des cadres et des salariés, cela se traduit par : « Je cherche un travail », « Je cherche à conserver mon emploi », « Je cherche à évoluer », « Je cherche à prendre des responsabilités », « Je cherche à gagner plus d'argent », « Je cherche à prendre mon pied dans ce que je fais... »

Mais, **en filigrane, la question posée est bien : « Demain, je fais quoi ? »**[1]

1. L'approche du projet professionnel sous la question : « Demain je fais quoi ? » a été développée par Michel Gibert et Nicole Kergall pour le séminaire cadres « conduite de projet » qu'ils co-animent au sein de BPI.

Ne pensez pas pouvoir répondre « N'importe quoi pourvu que cela m'intéresse » ou bien « Je peux m'adapter à tout. » D'abord parce que ça n'est pas vrai, ensuite parce qu'aucun patron ne vous paiera pour faire n'importe quoi !

Sérieusement, et pour synthétiser cette première partie, il vous faut tenir compte de :

- Votre métier
- Vos compétences techniques
- Vos caractéristiques personnelles
- Votre évolution

Vous caler sur :

- Votre connaissance du secteur et de son environnement économique
- La situation des entreprises cibles ou celle de votre entreprise
- Les attentes, les besoins, les perspectives des (de votre) entreprise(s).

Rien ne pourra se faire s'il n'y a pas convergence entre :

- Les objectifs de l'entreprise
- L'adéquation de vos compétences par rapport à ces objectifs
- Et vos propres objectifs.

C'est la même logique qui prévaut, que vous répondiez simplement à une petite annonce, que vous postuliez en interne ou que vous fassiez une offre de services nouvelle et innovante. On rejoint là une démarche nouvelle qu'on commence à qualifier d'« *intraprenariale* ». Les « *Intrapreneurs* » sont ces salariés qui proposent, et mettent en œuvre, un projet à l'intérieur d'une entreprise existante. En recrutement externe cela se traduit par : *« vous apportez au recruteur potentiel un projet clé en mains que vous vous ferez fort de développer pour lui, à condition qu'il vous embauche bien sûr. »*[1]

Même sans aller aussi loin, projetez-vous **concrètement** dans votre emploi, dans votre entreprise future. Et, pour ce faire, livrez-vous à l'exercice suivant :

Répondez **par écrit** à ces questions :

1 – « Demain, je fais **quoi** ? »

Métier – Fonctions – Responsabilités.

2 – « **Où** je le fais ? »

Secteur – Type d'entreprise – Taille d'entreprise.
(*Question subsidiaire : Suis-je bien informé sur la structure, les besoins et les attentes de mes entreprises cibles ?*).

3 – « Quels sont mes **atouts** pour faire ce que j'envisage – et y réussir » ?

Compétences professionnelles – Capacités personnelles.

4 – « Quels sont mes « **plus** » par rapport aux autres candidats potentiels ?

Connaissance d'autres techniques – Connaissance d'autres secteurs – Expérience internationale.

1. Christiane Migraine : « Et si vous inventiez votre job », in « Courrier Cadres », 14-27 août 2003

Les questions à se poser – et les réponses à apporter – selon les situations :

1 – Réponse à une offre d'emploi : **« Pourquoi vais-je répondre à cette annonce ? »**

1. Intérêt pour l'entreprise
2. Intérêt du poste
3. Perspectives offertes
4. Nécessité

2 – Candidature spontanée : **« Pourquoi écris-je à cette entreprise ? »**

1. Les informations que j'ai concernant ses perspectives
2. La connaissance que j'ai de sa structure
3. Sa taille
4. Son secteur d'activité
5. Le fait qu'elle peut avoir besoin d'un profil comme le mien.

3 – Évolution interne : **« Pourquoi je postule ? »**

1. Ce que je sais du service où je postule, de ses besoins
2. Les perspectives de développement du secteur
3. Ce que je sais pouvoir apporter à ce service.

En conclusion : vous ne vous présentez pas comme un demandeur d'emploi, ou un « quémandeur d'évolution », mais comme une force de proposition, un « offreur de services » qui a pris connaissance du besoin de l'entreprise, qui possède un métier, un savoir-faire, et qui a une volonté, une envie de les mettre au service de l'entreprise. Et ce, en vrai professionnel, dans le cadre d'un contrat « gagnant – gagnant ».

Deuxième partie

CONVAINCRE

Introduction

Vous avez inventorié vos compétences, vos atouts ; vous êtes au clair sur vos objectifs, ce que vous savez faire, ce que vous pouvez apporter à l'entreprise ; vous avez construit votre « *offre professionnelle* ». Vous êtes informé, vous avez une bonne connaissance du secteur, de son contexte économique ; vous connaissez vos cibles, vous avez identifié les entreprises ou les types d'entreprise susceptibles d'être intéressés par votre offre.

Malgré cela, il se peut que vous n'obteniez pas les résultats escomptés. C'est que « tout cela ne marche pas de manière aussi évidente ». En effet, **si de votre côté, votre offre de service vous paraît pertinente, encore faut-il en convaincre l'entreprise.** Et c'est bien normal : l'entreprise n'achète pas le premier service venu ; elle ne conclut pas de contrat avec le premier fournisseur qui se présente. De surcroît, il ne s'agit pas simplement d'acheter un service, mais de *s'adjoindre une personne*. Entrent alors en ligne de compte des questions d'affinité, de psychologie. Ce qu'écrivaient, avec une pointe d'humour Dominique Bériot et Alain Exiga, en 1970[1] reste vrai : *« Embaucher un cadre, pour un chef d'entreprise, c'est un peu comme marier sa fille. Pas plus que la main de son héritière, il ne consent à donner le fauteuil vacant à la légère, au premier venu. (...) Ainsi, le responsable le moins paternaliste recherche-t-il implicitement la sécurité quand il s'agit d'ouvrir sa maison à un nouveau venu, capable d'apporter, dans l'équipe de travail, des nouvelles forces mais aussi, peut-être, le trouble, porteur dans tous les cas, par sa nature même, d'incertitude »*

Convaincre n'est pas plus aisé en interne. C'est même souvent une « sacrée paire de manches » si vous n'êtes pas dans la bonne trajectoire, la bonne coterie. *(« Les bons,* expliquait un jour un directeur de département, *on sait les repérer. Les organigrammes prévisionnels, on s'en fiche. Quand on a repéré un bon potentiel, on fait des travaux d'approche : on creuse un souterrain jusque sous sa chaise, et quand les conditions sont réunies, on aspire. On discute ensuite avec la direction et on entérine avec la DRH. »)*

L'auriez-vous cru : postuler dans un autre service est à priori suspect. En effet, que peut bien cacher votre besoin

---

1. Dominique Bériot, Alain Exiga : « Les tests en procès » – Dunod, 1970.
   On pourrait ajouter qu'à un certain niveau (les dirigeants), comme dans les grandes familles pour éviter les mésalliances, on préfère les gens recommandables (et donc recommandés) issus d'autres grandes familles (grandes entreprises) connues. Les grands patrons ne postulent pas. Ils sont des prétendants.

de changement ? Que vous ne réussissez pas là où vous êtes ? Que l'entente avec votre patron n'est pas parfaite ? Que les résultats du service sont mauvais ? Sans compter que, plutôt que d'accueillir une transfuge, les responsables de service préfèrent, et c'est bien normal, promouvoir les gens de leur propre équipe qu'ils connaissent, avec lesquels ils savent travailler et qui sont familiers de l'environnement, du produit, du marché. Nous reviendrons sur ces différents points (chapitre 5) et tenterons de comprendre comment il est possible de lever ces obstacles, de vaincre ces à priori. En d'autres termes, même si vous avez identifié leur problématique et leurs perspectives, les entreprises conservent leurs habitudes, leurs rites, leur frilosité, leurs contradictions. **Convaincre !** Convaincre non seulement de vos savoir-faire, de votre adaptabilité à la « famille », mais aussi de votre *« envie d'y aller »* !

CHAPITRE 4

QUE VEUT L'ENTREPRISE ?

Les enjeux du recrutement - externe ou interne

« On risque de m'opposer que je n'ai pas une grande expérience du management, que je n'ai pas un sens commercial très aigu. Comment expliquer qui je suis, ce que je sais faire, exposer mon potentiel… Comment convaincre ? »

A. LES DEMANDES

En amont, l'entreprise a défini son besoin. Recruter un cadre, c'est définir la dimension, les objectifs de la fonction, le niveau de responsabilité, le rattachement hiérarchique, la position dans l'organigramme. C'est le travail de la direction, de la DRH du management. « *À ce stade,* dit François Humblot président du cabinet Humblot Grant Alexander, *il ne faut surtout pas penser au profil du candidat mais seulement au contenu du poste* »[1]

À partir de là, les demandes des entreprises en matière de recrutement, externe ou interne, peuvent se résumer simplement en trois points auxquels nous rajouterons un quatrième, d'une nature différente (on sait depuis « Les Trois mousquetaires » que c'est le quatrième qui fait la différence !) :

- Les compétences techniques
- L'adaptation à la structure et à la culture
- Le potentiel évolutif

Et le quatrième :

- L'envie

Une analyse de candidature s'articule toujours autour de ces quatre points, depuis l'analyse des dossiers (lettres, CV), jusqu'aux entretiens. Et ces points sont liés comme les paramètres d'une équation : aucun élément n'est décisif à lui seul si les autres ne convergent pas.

a. Les compétences techniques

Vous en avez fait un inventaire raisonné, structuré, hiérarchisé, lors de votre bilan de compétences. Ce travail a structuré votre CV : la présentation que vous avez adoptée, chronologique, anti-chronologique, thématique,

1. Cité dans le dossier « les techniques pour recruter sans se tromper » Management, septembre 2002.

correspond au message, clairement identifiable, que vous voulez faire passer.

C'est sur vos compétences techniques que s'effectuera le premier tri, la première sélection. Ici, « technique » ne veut pas dire « technicien ». Selon votre métier, on parlera aussi bien de gestion, de réussite commerciale, de management.

Dans tous les cas, et quel que soit le moyen que vous ayez utilisé pour être convoqué à l'entretien (offre d'emploi, candidature spontanée, contact réseau, candidature interne, etc.), la première préoccupation du recruteur est de mieux cerner ce que vous savez faire : quelle est votre connaissance du métier, du secteur, du marché, du process, du langage informatique...

C'est pourquoi votre travail de bilan, d'élaboration de votre *offre professionnelle,* doit être une projection dans un poste nouveau, dans un environnement nouveau : en quoi vos techniques, méthodologies, connaissances sectorielles sont ***transposables***, utilisables, utiles et profitables pour le poste nouveau, l'entreprise nouvelle.

Cette appréciation des compétences techniques correspond à ce qu'on appelle en mathématiques une *condition nécessaire mais pas suffisante*. **Même si vous possédez toutes les compétences requises, ce sont les autres critères qui seront déterminants.** Vous comprendrez donc que cette appréciation des compétences techniques est, au fond, la partie la plus facile d'un recrutement. Elle est quantifiable. Et si vous êtes un bon professionnel qui connaît son métier, vous parviendrez aisément à parler métier avec un autre professionnel. Mais s'il y a un **« *gap* de transposabilité »** technique à franchir, vous allez déjà devoir faire jouer une autre corde, celle de la conviction. Nous y reviendrons dans le chapitre suivant.

b. L'adaptation à la structure et à la culture

La deuxième grande préoccupation d'un recruteur est : « ce candidat saura-t-il s'adapter à mon entreprise, s'y intégrer, travailler et bien s'entendre avec mon équipe ? Et moi, patron, chef de service, vais-je pouvoir travailler avec lui ? Et lui, va-t-il comprendre ce que je veux et s'y conformer comme je le souhaite ? »... D'une certaine manière, vous, candidat, vous avez les mêmes interrogations. Mais pour y répondre, le recruteur ne peut uniquement s'appuyer sur le seul critère de compétence technique qui *est insuffisant*. À compétence égale, il préférera le candidat qu'il sent en phase avec la mentalité de son équipe, avec lequel il se ressent des affinités. Il préférera même – et c'est souvent le cas – un candidat qui possède des compétences techniques moins pointues mais qui sera capable de s'adapter, à l'expert dont il devine que la personnalité et le comportement susciteront des troubles dans le fonctionnement de l'équipe.

Mais il peut arriver qu'un chef de service ou de département, préoccupé par son problème à court terme, cherche avant tout à recruter la spécificité technique qui lui manque au détriment d'autres critères. Il appartient alors à la direction générale, à la DRH, d'avoir une vision plus large et de veiller aux critères d'adaptation des candidats.

En recrutement interne, il en va différemment : on sait quel est votre degré d'adaptation à la structure et vos comportements. Ce peut être à votre avantage comme à votre détriment. Être connu peut en effet virer au handicap. Et l'on voit souvent des responsables d'unité préférer des recrutements externes (même en cas de restrictions budgétaires) que faire confiance à l'interne. Le candidat externe bénéficie d'une certaine *virginité* et du crédit qu'accorde le patron à sa capacité d'apprécier les candidats.

Mais que signifie au juste être connu ? Dans l'entreprise, est-on connu comme on pense l'être ? Il se peut même (dans les grands groupes principalement) que l'on ne soit pas connu du tout : vous êtes depuis longtemps dans l'entreprise mais le nouveau chef d'unité, lui, vient d'arriver... Aussi ne vous offusquez pas si, en évolution interne, vous « subissez » de véritables entretiens d'embauche. Au contraire : profitez de l'occasion pour vous faire connaître autrement, vous projeter, arguments à l'appui, dans un nouveau poste, une fonction nouvelle.

Si l'on observe bien ce qui se passe lors d'un recrutement, on remarque qu'une majeure partie de l'entretien vise à déceler votre degré d'adaptation à la structure et à la culture. Votre style aussi est sérieusement observé : à fonction identique, votre style sera adapté ou non. Ainsi, pour un recrutement de Directeur administratif et financier par exemple, à compétences égales, l'entreprise A souhaitera recruter un candidat très rigoureux et austère car l'enjeu est de « resserrer les boulons ». L'entreprise B préférera quant à elle, quelqu'un d'ouvert, de charismatique, car l'enjeu est d'abord de communiquer, de faire passer les messages de la direction sur les nouveaux investissements, par exemple.

À quoi bon, sinon, toutes ces questions à votre sujet : la manière dont vous travaillez, dont vous vous organisez, vos relations interprofessionnelles, ce que votre ancien patron pense de vous, votre mode de management, vos qualités, vos défauts, vos réussites, vos échecs, vos loisirs, etc. Questions qui n'appellent pas de réponses formelles, mais qui sont autant de moyens de vous faire parler de vous. Et donc de permettre au recruteur d'apprécier vos réactions, votre mode relationnel, vos intérêts, vos attentes, votre mode de fonctionnement. Et de s'assurer si, finalement, il reconnaît en vous un professionnel avec lequel il va pouvoir travailler et s'entendre – lui, mais aussi l'entreprise – et faire un bout de chemin !

C. Le potentiel évolutif

C'est sans doute l'enjeu le plus important d'un recrutement. Et le critère le plus difficile à évaluer. La question du recruteur est : **« ce candidat possède les compétences techniques requises. Son comportement, son savoir-être, permettent de penser qu'il devrait bien s'intégrer. Mais quel est son potentiel ? »**

Potentiel à aller de l'avant, à évoluer fonctionnellement et en termes de responsabilités, à faire avancer les choses, à faire progresser l'entreprise, etc. Bien entendu, plus on accroît ses responsabilités, plus cela doit être vrai. Mais dans des structures et des modes de fonctionnement de plus en plus changeants, comme nous le vivons aujourd'hui, cela doit être de plus en plus vrai à tous les niveaux.

Certes, pour tout recrutement de cadre, il y a bel et bien sélection. Mais ce sont toujours **des critères d'orientation qui dictent le choix final du recruteur**. En effet, ce dernier a pour souci non seulement d'intégrer le bon candidat, mais aussi de le garder, de le fidéliser. Cette dimension prospective est donc toujours présente, peu ou prou, dans le choix final du dirigeant qui souhaite recruter des cadres fiables, capables d'accompagner – voire de précéder – les évolutions de son entreprise.

Ayez toujours présent à l'esprit que l'entreprise poursuit des **objectifs.** Ne vous limitez donc pas à vos acquis, inscrivez-vous dans les objectifs de l'entreprise.

C'est un fait souvent observé par le conseil en outplacement : dans un premier temps, les candidats – c'est vrai à tous les niveaux – ont tendance à répondre à des offres d'emploi dont ils maîtrisent toutes les exigences. Normal, direz-vous. Mais, à l'issue de l'entretien, ils s'entendent souvent dire qu'ils ne sont pas retenus ! Motif : ils sont *surdimensionnés* pour le poste (une objection qu'il est difficile de contredire, sur laquelle *on ne peut pas argumenter*... Nous aborderons ultérieurement le traitement des objections en entretien). Une objection particulièrement frustrante, mais parfaitement justifiée : en effet, si d'ores et déjà, vous maîtrisez toutes les facettes d'un poste et que celui-ci ne présente pas d'autre ouverture ni de perspectives d'évolution, *vous êtes effectivement déjà surdimensionné.* Et que peut vous laisser espérer un job pour lequel vous êtes surdimensionné, dont vous connaissez toutes les caractéristiques, toutes les missions ? Il va vous manquer tout ce qui doit vous permettre d'évoluer personnellement.

Le responsable pense que vous allez vous y *ennuyer*, que vous ne pourrez pas y donner votre pleine mesure, que vous finirez par vous démotiver... Autrement dit que vous deviendrez moins performant, que vous partirez. Que faut-il faire alors ? Ne postuler que si l'on est *sous-dimensionné ?* Allons, ne versons pas dans l'excès inverse ! (nous traiterons de cet aspect dans le chapitre 5).

Le repérage de votre **potentiel évolutif**, est donc l'enjeu le plus important du recrutement car *c'est sur ce potentiel évolutif que l'entreprise investit en choisissant de vous intégrer.* C'est bien sûr l'objectif de l'entretien, et c'est dans ce but que les professionnels du recrutement s'attachent à vous faire expliquer pourquoi, comment, vous avez changé de poste, de fonction, d'entreprise et ce que vous avez fait de « plus », de « différent », en passant de l'un à l'autre, pourquoi on vous a choisi, vous, plutôt qu'un autre. (Référez-vous au bilan dynamique que vous avez effectué au chapitre précédent). Ce sont là autant d'indications qui permettent d'apprécier votre évolutivité, votre capacité à apprendre, à vous adapter, à assurer des responsabilités, à vous remettre en question, à prendre des risques, à les assumer... Bref, d'apprécier votre potentiel.

C'est bien souvent sur ce repérage de potentiel que sont sollicités les cabinets de conseil en recrutement ou en mobilité : « détecter » au moyen de tests ou d'*assessment centers,* le potentiel personnel d'un candidat à assurer des fonctions, des responsabilités qu'il n'a jamais tenues jusqu'ici et dont on ne peut, par conséquent, mesurer les résultats et les performances. Ceci est valable pour un recrutement externe comme pour une évolution interne.

Dans cette perspective, Groupama a mis en place un référentiel de compétences. Écoutons Evelyne Ailhaud, responsable mobilité et animation des cadres : « L'enjeu majeur était bien l'établissement d'un référentiel de management. BPI et l'équipe métiers et compétences ont conçu le test et le référentiel (...). Il fallait éviter le piège des compétences techniques et se focaliser sur des savoir-faire transverses. »[1]

d. L'envie

Vous possédez les compétences, l'adaptabilité, le potentiel... mais pour le patron, le chef de service, cela ne suffit peut-être pas encore. Son ultime question – la question de confiance pourrait-on dire – sera alors : « ce candidat a-t-il vraiment *envie* de venir travailler chez moi ? ». Au final, c'est sur ce « plus » que se fera la différence. Mais cette notion d'envie est (presque) entièrement subjective. Elle est ambivalente, selon le côté duquel on se place. Vous-même, candidat, vous posez la question symétrique : « Ai-je *vraiment* envie de venir travailler pour cette entreprise, ce service ? »

Et pour le candidat que vous êtes, la réponse à cette question peut prendre en compte des notions de confort, d'opportunité, d'image de l'entreprise (plus ou moins prestigieuse), de rémunérations (plus ou moins motivante), de perspectives d'évolution (plus ou moins prometteuses), mais aussi de proximité de votre domicile, d'avantages sociaux... Si vous êtes en poste, cela sera, par exemple, le fait que vous conserviez un emploi dans la

1. Cité dans BPI News, octobre 2003.

même entreprise ; ou que vous ne soyez pas obligé de déménager pour suivre la délocalisation de votre unité ; ou encore, que vous trouviez l'opportunité de ne plus être sous la coupe d'un patron avec lequel vous ne vous entendiez pas ; ou, enfin, que vous puissiez obtenir la promotion que vous souhaitiez.

Bref, difficile de déceler *l'envie* qui va se traduire par la motivation, l'implication. L'entreprise Valeo, dont on connaît la politique d'exigence, a créé le poste de « responsable du recrutement et de l'implication ». Mais, comme l'écrit Maurice Thévenet : « Si les responsables rêvent de l'implication des autres, ils doivent être à même de la repérer, à travers des comportements et attitudes des salariés qui en paraissent être les signes. À quoi voit-on que quelqu'un est impliqué dans son travail ? Mais si l'implication est propre à la personne, celle-ci doit l'associer à différents sentiments présents dans cette implication. Que ressent une personne impliquée ? »[1] **Posez-vous cette dernière question et essayez d'y répondre pour vous-même.**

Encore une fois, nous sommes ici dans le subjectif. Nous allons y retrouver la notion de *projection* : une personne qui a *envie*, qui est *impliquée, qui a envie de s'impliquer*, ne reste pas passive et attentiste ; elle est active pour aller au-devant de l'information, pour aller au-devant des contacts, pour relancer ; elle est active et participative lors des entretiens. Que peut penser un responsable d'unité qui reçoit, dans le cadre d'une mobilité interne, un salarié qui n'est là que parce qu'il faut lui trouver « quelque chose », son poste étant supprimé ? Qui s'est à peine informé sur les

1. Maurice Thévenet ; *op. cité*.

activités de cette unité et qui estime que le poste lui est dû au seul motif de son ancienneté ! Ce salarié a-t-il *vraiment* envie de travailler dans cette nouvelle unité et surtout de s'y impliquer ?

Et que penser, en recrutement externe, d'un candidat qui se présenterait à l'entretien sans s'être informé au préalable sur l'entreprise qui le reçoit et dont le seul argument vis-à-vis de l'employeur serait que le poste l'intéresse ! Même si cet intérêt est réel et fort, ce candidat risque de passer à côté d'une belle opportunité s'il limite à ce seul énoncé – « ce poste m'intéresse » – sa démonstration (et cela arrive si souvent !).

Une candidate raconte ainsi sa surprise à la suite d'un entretien d'embauche (qui s'est avéré concluant) : « J'avais préparé mon entretien, mais mon interlocutrice a préféré me présenter le poste et voir comment je *réagissais*... ». Eh oui, cette responsable de recrutement souhaitait savoir comment cette candidate *réagirait :* réagirait-elle par un « Oui, c'est très bien, ça m'intéresse » ou, au contraire, raisonnerait-elle sur la base d'opinions personnelles et de réponses concrètes ? En d'autres termes, *se projetait-elle* dans ce poste ?

Il est certainement plus aisé de « faire passer » son envie, sa conviction, son implication au recruteur lui-même, à l'entreprise elle-même, plutôt qu'à des intermédiaires (cabinets de recrutement, adjoints de DRH, responsables centraux du recrutement, en fait assez éloignés du terrain). Mais, comme le souligne Maurice Thévenet, il y a des attitudes, des comportements, liés à l'implication et qui en sont les signes.

En voici quelques-uns :

- Avant de vous rendre à un entretien, *vous vous êtes informé*. Sur l'entreprise, sa situation, ses marchés.
- Si vous n'avez trouvé que peu d'informations, faites cependant part de vos recherches à votre interlocuteur.
- Si un cabinet ne veut pas vous communiquer le nom de l'entreprise pour qui il travaille, avancez quelques hypothèses déduites de vos recherches.
- *Projetez-vous* dans le poste tel que vous pouvez l'imaginer – avec le peu d'informations dont vous disposez – et posez toutes les questions nécessaires pour compléter et préciser votre vision. *La pertinence des questions du candidat est une bonne mesure pour le recruteur, pour apprécier sa connaissance du métier et du secteur.*
- Concernant des postes importants de cadre, on voit se développer cette pratique (issue des pays anglo-saxons et scandinaves) : pour l'entretien final, on ne vous demande plus de parler de vous et de vos motivations, mais d'exposer devant la Direction Générale les grandes lignes du plan d'action que vous allez mettre en œuvre en prenant vos fonctions. Il est clair que si vous n'y avez pas réfléchi et que vous ne vous y êtes pas projeté activement vous allez vous sentir tout petit ! Redoutable pour le candidat, cette pratique constitue un bon moyen d'apprécier son niveau de compétence, son potentiel et son implication.

e. Débat

Certains auteurs évoquent le manque d'objectivité des pratiques de recrutement. Ainsi, Bernard Galambaud[1] : *« D'une manière générale, on peut dire que le large usage de l'entretien en matière de recrutement ne se justifie guère par la qualité de bon instrument de pronostic de succès professionnel. En effet, selon un expert tel que Claude Lévy-Leboyer, l'entretien de recrutement est une pratique dont les prédictions ont une pertinence médiocre. Il ne permet pas de comparer réellement les candidats les uns aux autres, surtout si les entrevues s'échelonnent dans le temps. »*

Comment les entreprises s'y prennent-elles alors pour fonctionner, en « se trompant » ainsi sur tous leurs recrutements ?

C'est que, nous venons de le voir, le recrutement n'est pas une science mathématique. Il ne repose pas uniquement sur des critères objectifs. *Et c'est tant mieux.* Imagine-t-on la tristesse et la stérilité d'un univers professionnel dans lequel un magnifique système expert donnerait, de manière certaine, le pronostic de succès professionnel des candidats ! Cela ne pourrait se concevoir que dans un monde figé où les fonctions seraient définies une fois pour toutes et dans lequel les hommes n'évolueraient pas.

En réalité, la réflexion qui doit guider le processus de recrutement ne porte pas tant sur la comparaison des candidats entre eux, que sur le *regard porté sur l'individu candidat, reçu aujourd'hui, en face de la fonction à remplir.* Et si, comme on l'observe parfois dans l'entreprise, la

1. Bernard Galambaud : « Si la GRH était de la gestion », Éditions Liaisons, 2002.

procédure de recrutement ne porte *que* sur la comparaison des candidats entre eux, il se produit alors la chose suivante : on voit défiler des postulants, et plus on en voit, moins on se décide !

Le recrutement ne consiste pas en *l'élimination* de candidats. **Le recrutement, c'est *le choix* d'une personne pour remplir une fonction.** Une fonction en devenir qui se définit en termes *d'objectifs*. Le candidat, lui aussi, se définit en termes d'*objectifs et de potentiels.* Le recrutement, c'est la rencontre de ces deux objectifs.

Par la suite, à un moment ou à un autre du parcours, on constatera nécessairement des écarts : le contour de la fonction ne sera plus le même, le cadre recruté aura mené son action d'une manière différente de celle de son prédécesseur, etc. Et c'est de ces différences que naît la créativité, donc l'évolution de l'entreprise et des carrières. Au final, la réussite ou l'échec du recrutement et de l'intégration du candidat résulte de la combinaison de facteurs différents : le candidat, la structure de l'entreprise, la conjoncture socio-économique, le contexte politique du moment.

Bien évidemment, il importe de poser des garde-fous contre les errements que générerait le « tout subjectif » dans le recrutement, ou dans les évolutions internes. Aussi les entreprises recourent-elles à des méthodes, des outils (certains controversés) qui tentent de préserver l'objectivité du jugement et de l'appréciation des candidats : les référentiels de compétences, les tests, le 360°, les *assessment centers*, sont les plus utilisés. Dans tous les cas, il s'agit de gommer ce que le trop subjectif peut avoir de partiel et de partial ; de trouver un cadre de référence commun qui permette d'apprécier les compétences et les potentialités des candidats et d'évaluer leurs comportements face aux situations nouvelles qui seront celles du nouveau poste. Notons au passage que le bon usage des tests ne réside pas dans une « prédictivité » mathématique, méthodologiquement invraisemblable puisque les critères ne sont pas des objets mathématiques définis, mais des objectifs en devenir. Le bon usage des tests réside dans l'établissement d'un *portrait*, d'une description du candidat qui met l'accent sur des critères définis et aide ainsi le responsable à apprécier – où à préciser – certaines caractéristiques de la personne qu'il a peut-être du mal à percevoir, ou qu'il veut confirmer (comportements face à des situations nouvelles, potentiel personnel).[1]

Nous pouvons citer la formule de Bériot et Exiga : *« Le bon candidat n'existe pas, il faut le fabriquer. »*[2] en y apportant cette précision : « Il faut aussi, et surtout, qu'il se construise lui-même. »

1. **Sur les tests**, lire : « Tests de Personnalité » par Édith Carade'ch, Éditions Rebondir 1998. « Les Tests de Recrutement » par Michel Gibert, Éditions Rebondir 2001.
   Sur les *assessment centers*, : « Le Bilan Comportemental en Entreprise » par Victor Ernoult, Jean-Pierre Gruere, Fabienne Pezeu PUF 1984 .
2. « Les tests en procès. » Dominique Bériot, Alain Exiga. Op. cité.

B. LES OBJECTIONS

Inattendu : vous êtes préparé ; vous avez intégré les attentes et les demandes de l'entreprise, du service ; vous êtes clair sur vos compétences, votre adaptabilité, vos capacités à prendre le poste, à y évoluer et à le faire évoluer ; vous vous êtes forgé votre conviction… Et voilà que l'on vous oppose des objections !

a. Pourquoi des objections ?

1 – Vous expliquez à un interlocuteur – qui ne vous connaît pas ou qui vous connaît mal – que « vous avez fait ceci et cela », que « vous avez travaillé dans tel ou tel domaine »… Si votre interlocuteur vous laisse parler sans rien dire, c'est peut-être parce que son style est non directif, ou qu'il est subjugué. Mais dans les deux cas, vous ne savez pas ce qu'il pense. Peut-être aussi – et plus sûrement – ne vous interrompt-il pas par simple politesse ou par lassitude. Car, soyons clair : si, *vraiment,* vous l'intéressez, il est évident qu'il va vous interrompre, qu'il va revenir sur certains de vos propos pour vous faire expliquer, préciser, argumenter. Il voudra en savoir plus et donc vous en faire dire plus.

Règle N° 1 : **Une objection est *toujours* une marque d'intérêt.**

2 – Vous prétendez être en mesure de vous adapter à ce nouveau poste, à ce nouveau secteur d'activité, d'assurer des responsabilités de management supérieures à celles que vous avez tenues jusqu'ici… et vous voilà déstabilisé

par les objections – légitimes – qu'on oppose à vos capacités prétendues. Attention : votre rapide déstabilisation constitue une forme de réponse (défavorable) aux interrogations du recruteur.

Règle N° 2 **: Une objection est un test de votre potentiel et de votre conviction à tenir un poste.**

3 – Légitimement, vous vous questionnez sur l'intérêt, la pertinence ou la finalité de telle ou telle objection. Surtout de celles auxquelles on ne peut, généralement, ni répondre ni argumenter : l'âge, le sexe, le diplôme, la connaissance de tel secteur… Sachez que l'objectif d'un recruteur n'est pas de tourmenter les candidats mais bien, et toujours, de pourvoir un poste (Cet objectif du recruteur peut être prévisionnel, comme c'est souvent le cas dans les sociétés de services). Sachez également qu'on ne vous oppose pas telle ou telle objection *sans raison.* Vous ne pourrez donc pas y répondre tant que vous ne cernerez pas la préoccupation qui se cache derrière la question du recruteur.

Exemples : « *Oui, mais vous êtes une femme…* » Pour répondre à cette opposition Il faut découvrir ce qu'elle cache : peut-être l'environnement est-il « macho » et la précédente femme qui occupait le poste n'a pas tenu deux mois ?.. Peut-être aussi qu'il n'y a que des femmes dans ce service et que, malgré vos qualités, on souhaite vraiment recruter un homme ?..

« *Oui, mais vous êtes autodidacte…* » Cela peut vouloir dire : vous devrez encadrer une équipe de diplômés de grandes écoles, quelle sera votre crédibilité ? Ou bien : il vous faudra acquérir très vite des technologies supérieures, en serez-vous capable ?

***Règle N° 3* : Une objection, même si elle vous paraît infondée, marque *toujours* une préoccupation du recruteur.**

b. Cas particuliers

1 – Le cours de cet entretien vous paraît se dérouler... confortablement, et voilà que tout à coup, surgissent des objections sur des points que vous pensiez acquis. Que se passe-t-il ? Ne paniquez pas : peut-être l'entretien devenait-il trop lisse, trop convenu ? Le recruteur veut être sûr d'avoir bien compris ; il veut aussi relancer l'intérêt d'un échange qui s'enlise et au cours duquel il n'apprend, finalement, pas grand-chose de vous. Pour parvenir à ses fins, il vous provoque un peu.

***Règle N° 4* : Une objection peut être un moyen de vous faire réagir et d'exprimer de manière plus forte vos capacités et votre conviction.**

2 – Tout ce que vous dites est systématiquement retourné en objection. Il peut s'agir d'un « style » ou d'une méthode du recruteur, comme on peut en rencontrer dans des secteurs, des activités très difficiles qui exigent de leurs cadres une forte résistance au stress (commercial et acheteur de la grande distribution, par exemple). *Conseil :* restez calme, posé, retournez posément et fermement les questions, face à « l'agression » concertée dont vous êtes l'objet. C'est le test.

***Règle N° 5* : En cours d'entretien, le « bombardement » d'objections constitue le test et le « rite de passage ».**

3 – L'entretien se dégrade. Après un début d'échange normal et courtois, vous vous rendez compte que ce que vous dites est de plus en plus sujet à caution, à suspicion... Ce que vous preniez pour de légitimes demandes de précisions ou d'approfondissements, ressemble de plus en plus à du dénigrement. *Conseil :* n'hésitez pas, prenez l'initiative de stopper l'entretien et de poser clairement la question au recruteur : *« Comment estimez-vous ma candidature à ce poste ? »*

***Règle N° 6* : Un entretien qui se dégrade en objections systématiques ne peut pas redevenir positif.**

4 – L'entretien *sans objection*. Parfait pensez-vous. Malgré les apparences, ce n'est pourtant pas bon signe. On vous a écouté par politesse, par convenance ou par obligation, comme cela peut arriver dans certains cas de recrutement interne où le chef de service est tenu de recevoir tous ceux qui ont postulé. Ou en recrutement externe lorsque le recruteur réalise qu'il a convoqué trop hâtivement un candidat qui ne possède manifestement pas le profil requis, ou qu'il a déjà reçu un très bon candidat à qui il a déjà proposé le poste. Dans ces conditions, pourquoi perdre son temps, son énergie, à vous poser des tas de questions ? Vous apprendrez plus tard (après que vous ayez dû relancer pour obtenir une réponse) que le poste a simplement été pourvu par quelqu'un qui convenait mieux que vous... sans autre justification.

Règle N° 7 **: L'entretien sans objection est un entretien sans enjeu pour le recruteur.**

C. Les objections récurrentes

1 – La même objection, sous la même forme ou sous des variantes, revient plusieurs fois au cours d'un même entretien. C'est que vos réponses ne sont pas claires, ou n'ont pas convaincu. Ou que vous n'avez pas saisi quelles étaient les préoccupations sous-jacentes du recruteur et ne lui avez donc pas apporté les arguments qui le rassurent. N'hésitez pas à lui poser la question : « *Vous m'avez déjà demandé – telle ou telle chose –, je ne suis pas sûr d'y avoir bien répondu, pouvez-vous me préciser quelle est votre préoccupation à ce sujet ?* ».

Règle N° 8 **: Une objection qui revient, c'est une question à laquelle vous n'avez pas répondu.**

2 – La même objection vous est faite quasi systématiquement chaque fois que vous vous présentez à un entretien. Le problème est différent que celui évoqué ci-dessus. Cela ne concerne plus le déroulement de l'entretien, mais *vous*, dans votre expression, dans votre projet, dans vos cibles. Il est alors indispensable d'effectuer un retour réflexif sur vous-même, de reprendre le schéma du *Trèfle (voir début du chapitre 2)*, et de rechercher à quel niveau la connexion ne s'effectue plus, la cohérence manque. Peut-être devrez-vous réviser votre argumentaire, *anticiper* l'objection quand vous sentez qu'elle va venir (*« Je sais, on m'a déjà fait remarquer que (...) »*), peut-être aussi devrez-vous changer de cibles de fonctions ou d'entreprises.

Règle N° 9 **: Une objection récurrente à tous les entretiens est un *signal d'alerte* sur la cohérence de votre argumentaire, de vos objectifs, de votre niveau de responsabilité (trop haut ou trop bas), de vos cibles.**

CONCLUSION

Ne négligez jamais une objection ; ne la balayez jamais d'un revers de manche. Même si elle vous paraît futile, même si vous êtes sûr de vous (« j'en fais mon affaire ! »). Une objection doit *toujours* être prise en considération : vous devez y répondre. N'essayez pas de la contourner ou de l'éluder. Sans réponse de votre part, le doute subsistera dans l'esprit du recruteur et tant qu'il aura douté, il ne pourra pas se déterminer en votre faveur. N'oubliez pas que vous vous situez dans une démarche de *proposition de service*. N'hésitez pas à reformuler, à vous faire préciser ce que cache l'objection : « *En quoi le fait que je sois une femme – ou que je sois autodidacte, etc.– peut-il constituer un problème pour occuper la fonction ?* ». N'oubliez pas non plus de tenir compte de cette préoccupation : *« J'ai bien noté que les caractéristiques de l'environnement du poste à pourvoir sont – telles et telles –, voici quelles sont mes caractéristiques et pourquoi je considère aujourd'hui pouvoir répondre à votre préoccupation (...) »*

Attention : Ne prenez pas de simples questions d'information pour des objections. N'interprétez pas non plus une objection comme une remise en cause personnelle : vous n'avez pas à vous *justifier* d'avoir suivi ou de ne pas avoir suivi telles études ; d'être resté longtemps dans telle entreprise ; de ne pas avoir, jusqu'ici, tenu de postes de management importants. Ce que l'on vous demande, c'est d'exposer les phases de votre expérience pour pouvoir apprécier vos compétences et votre potentiel, étayer la décision – ou la non-décision – de recrutement. Présentez simplement les faits, argumentez de manière objective et lucide sur ce que vous avez réalisé et ce que vous n'avez pas encore fait. Vous montrerez ainsi votre maturité et votre capacité à prendre du recul par rapport aux événements, par rapport à vous-même.

C. LES CONTRADICTIONS

Quel candidat n'a pas violemment réagi à la lecture de ces offres de recrutement ciblant des directeurs, titulaires d'un diplôme d'ingénieur, complété par un MBA, justifiant de dix ans d'expérience minimum dans une fonction similaire et âgés de... 28 à 35 ans ! On pense alors que l'entreprise veut tout et son contraire. Ce qui, en définitive, est assez vrai : l'entreprise est souvent tiraillée entre des aspirations et des contraintes contradictoires qui incitent à penser qu'elle ne cherche que des « moutons à cinq pattes ». Un exemple, parmi d'autres, de ces aspirations et contraintes contradictoires : l'entreprise souhaite recruter un candidat jeune (c'est-à-dire malléable et crédité d'un potentiel évolutif), expérimenté (car bien entendu on ne peut pas confier des responsabilités de direction importantes à un débutant) et, de surcroît, diplômé, parce que cela rassure. Au palmarès des contradictions souvent observées figure également l'écart entre le niveau de responsabilités du poste et le niveau de rémunération proposé : Inconscience ?

Cynisme (« il ne manquera pas de cadres au chômage prêts à accepter »), ou réelles contraintes budgétaires ?

De manière interne, et parfois moins visible, l'entreprise se trouve confrontée à d'autres contradictions, dont elle est parfois consciente et qu'elle doit bien gérer :

- D'un côté, la nécessité d'anticiper pour constituer (ou reconstituer) les forces vives ; de l'autre, les contraintes budgétaires. Ce qu'explique, dans un plaidoyer *pro domo* en faveur de l'anticipation dans la gestion des carrières, un ouvrage collectif rédigé autour de la DRH de Thomson CSF[1] : *« Un recrutement dans la perspective d'une affaire se décide difficilement avant la signature de la commande (...) Mais aussitôt après la conclusion du marché, le retard est déjà patent : il conduit à recruter dans la précipitation un personnel qui ne sera pas en poste et encore moins formé avant 3 à 6 mois... »*. D'où la volonté affichée d'une politique de mobilité interne.
- Le décalage qui peut exister entre la fonction telle qu'elle a été construite au fil des ans par l'ancien titulaire et la réalité des profils et des compétences aujourd'hui disponibles sur le marché. Décalage qui conduit à des définitions de fonctions et des libellés d'offres d'emploi totalement déphasées. Ainsi cette offre de recrutement pour un « Secrétaire Général » doté d'un DESS d'administration, finances, gestion, pour prendre en charge : l'ordonnancement des commandes, la tenue des stocks, la logistique, l'organisation et les méthodes !

1. R. Thomas : « L'Entreprise partagée ? » Maxima – Laurent du Mesnil Éditeur. 1999.

- Les conflits et les luttes de pouvoir internes qui se traduisent, dans le staff de direction, par des vues stratégiques différentes du poste à pourvoir. Ainsi, pour un poste de marketing, tel membre de la direction souhaitera un candidat issu du commercial, tel autre exigera un candidat issu de la technique avec une bonne connaissance du produit.
- Les divergences entre les intentions affichées et la réalité de l'entreprise : ces offres qui font valoir que « les hommes et les femmes sont les valeurs sûres de l'entreprise », alors que la finalité du poste à pourvoir pourrait se traduire par : « Resserrer les boulons et ne reculer devant rien pour faire des économies et rentabiliser. »
- Les divergences entre les engagements de la direction générale et la réalité sur le terrain. Par exemple, un dirigeant déclarant, dans le cadre d'un plan social, que tous les collaborateurs de plus de 50 ans seront reclassés en interne alors qu'aucun poste n'est ouvert.

La conséquence de ces « paramètres adverses » est une situation de blocage, pour l'entreprise : les divergences et les contradictions se concluent par des *recrutements impossibles*. Plus on reçoit de candidats et moins on se décide : tel n'est pas assez technicien, tel autre n'est pas assez commercial. Ce candidat est un bon financier, mais il ne connaît pas la logistique. Les très bons candidats sont trop chers, etc. Jusqu'au moment où il faut décider dans l'urgence, avec les conséquences néfastes qu'une décision hâtive peut entraîner.

Alors, que faire ? Postuler, bien sûr, si vous connaissez l'entreprise (et que vous n'avez pas un conflit de valeurs éthiques vis-à-vis d'elle), le secteur ; si vous pensez qu'en dépit du fait que vous n'avez ni l'âge, ni ne possédez toutes les compétences demandées, vous avez cependant les capacités et la motivation pour prendre la fonction en main.

Dites-vous bien que l'entreprise ne pourra *jamais* trouver *tout* ce qu'elle demande chez un même individu et qu'elle devra bien se déterminer sur un axe prioritaire. Au-delà de tout ce qui est demandé « contradictoirement » aux candidats, mettez-vous dans la *projection* de ce que peuvent êtres les objectifs de l'entreprise à travers ce recrutement. Et présentez-vous comme *force de proposition*. Affirmez vos caractéristiques, vos points forts par rapport aux objectifs. Votre conviction pourra amener les responsables à revoir la définition du poste *en fonction de ce que vous apportez, en fonction de ce que vous êtes capable de faire*.

C'est *vous* qui permettrez à l'entreprise de surmonter sa contradiction. Dans le cas contraire, n'ayez aucun regret : si l'entreprise n'a pas surmonté sa contradiction interne, son recrutement risque fort d'être voué à l'échec.

Pour conclure ce chapitre, nous vous invitons à effectuer deux tests qui vous permettront de savoir si vous répondez à deux des exigences souvent mentionnées par les entreprises dans leurs offres de recrutement : « avez-vous le profil commercial ? », « avez-vous le profil manager ? ».

TEST

QUEL COMMERCIAL ÊTES-VOUS ?

Vous êtes commercial et avez envie de vous situer ? Vous souhaitez vous orienter vers une carrière commerciale ? Ce test vous donnera des indications sur votre style personnel, donc votre manière propre d'aborder ce métier. À partir de là, il vous appartiendra de réfléchir à votre motivation et à vos facteurs de réussite.

Nous vous proposons douze situations accompagnées chacune de quatre solutions possibles. Choisissez, parmi ces quatre réponses, celle qui, d'une manière générale, correspond le mieux à ce que vous faites ou à ce que vous pensez. Bien sûr, la réalité est toujours nuancée et, dans les situations réelles votre réponse, votre attitude, seront souvent un mélange des quatre réponses possibles. Néanmoins, pour ce test, déterminez-vous pour indiquer ce qui est prioritaire, ou primordial, chez vous. Deux ou plusieurs réponses peuvent vous paraître équivalentes. N'en choisissez qu'une.

Travaillez rapidement sans trop calculer. Ce qui est important ici, c'est de dégager vos tendances fortes, donc votre style de base.

Pour répondre : dans un premier temps, entourez la lettre de la phrase choisie. Ensuite, reportez-vous à la grille et entourez les chiffres qui correspondent aux lettres de chacune de vos réponses. Faites le total et allez aux résultats.

TEST

AVEZ-VOUS LE PROFIL COMMERCIAL ?

1 • Pour vous, ce qui détermine la réussite du commercial, c'est :

A – Le sens du profit
B – Le sens du service
C – Les contacts
D – La qualité de son produit

2 • Pour réussir dans le commercial, il faut :

A – Savoir vendre n'importe quel produit
B – Vendre un bon produit
C – Vendre un produit dans lequel on croit
D – Vendre un produit avec beaucoup de marge

3 • Vous savez que l'usine de production n'est pas sûre de livrer :

A – Vous différez vos commandes commerciales.
B – Vous négociez des ventes échelonnées
C – Vous concluez de toute façon vos contrats commerciaux
D – Vous préférez ne pas vendre

4 • Pour vous, le secret de la réussite commerciale, c'est :

A – Être convaincant
B – Être convaincu
C – Forcer la conviction du prospect
D – Communiquer sa propre conviction

5 • Un prospect vous dit : « Pourquoi irais-je chez vous ? Les produits de votre concurrent m'ont toujours donné pleine satisfaction ». Vous répondez :

A – Comparez avec les nôtres
B – Essayez les nôtres
C – C'est parce que vous ne connaissez pas les nôtres.
D – Je vais vous faire changer d'opinion

6 • Aujourd'hui, pour vendre, il faut :

A – Forcer la décision rapidement, il y a trop de concurrence

B – Apporter le service en plus
C – Être sur un « créneau » porteur
D – Être là au bon moment

7 • Vous vous sentez le plus fort pour :
A – Développer un parc commercial
B – Démarcher une clientèle nouvelle
C – Fidéliser un parc commercial
D – Prendre des parts de marché à la concurrence

8 • Une bonne affaire, c'est :
A – Un client satisfait
B – Une affaire rentable dans le long terme
C – Une bonne plus-value financière
D – Un service rendu

9 • Pour entretenir de bonnes relations, il faut :
A – Rendre visite aux clients à titre personnel même s'ils n'ont pas exprimé de demande
B – Ne pas importuner les clients en étant constamment auprès d'eux
C – Être toujours à l'écoute des clients mais pas les « envahir »
D – Se manifester régulièrement auprès des clients

10 • Pour vendre un produit sophistiqué :
A – Il faut bien connaître techniquement le produit pour être crédible
B – Il n'est pas nécessaire de bien connaître techniquement le produit, le client n'est pas
technicien, et n'est intéressé que par les résultats
C – Si un argumentaire technique est nécessaire, il vaut mieux demander le support d'un technicien
D – Un bon argumentaire de vente n'a pas besoin d'entrer dans la technique

11 • La principale qualité d'un bon vendeur est :
A – L'Écoute
B – La force de conviction

C – La foi en son produit
D – Le sens du service

12 • Votre propre motivation pour le métier de commercial :
A – Avoir des contacts humains
B – Avoir un salaire variable indexé sur les résultats
C – Élargir votre champ d'action par rapport à votre métier actuel
D – Être autonome.

GRILLE DE RÉPONSES

	Réponses				
Questions	**A**	**B**	**C**	**D**	**Scores**
1	4	2	2	0	
2	4	2	0	2	
3	0	2	4	0	
4	2	0	4	2	
5	0	2	4	4	
6	4	2	0	0	
7	2	4	0	4	
8	0	2	4	0	
9	4	0	2	2	
10	0	4	2	4	
11	2	4	0	2	
12	0	4	2	0	
				Total	20

40

RÉSULTATS

■ Vous avez entre 36 et 48 points :

Vous avez un vrai tempérament de **VENDEUR.**

✔ ENTRE 42 ET 48 :

Pour vous, pas d'état d'âme. Vous êtes commercial par sens des affaires et goût du profit. Vous êtes la personne qu'il faut pour créer ou recréer une clientèle. Vous ne craignez pas l'adversité, votre style, votre manière de faire, consistent à emporter l'adhésion.

Attention : Vous avez peut-être tendance à rechercher les résultats à court terme, à vous imposer « en force ». Apprenez à être plus à l'écoute, plus patient, et à vous inscrire aussi dans le long terme et la fidélisation.

✔ ENTRE 36 ET 42 : 40

Vous possédez les qualités de base d'un bon commercial : l'écoute, le sens du service, mais aussi ce qu'il faut d'assurance et de conviction, de pouvoir de persuasion, pour forcer une décision et emporter une affaire. Vous avez le sens bien compris de vos intérêts – et aussi le sens des intérêts de votre employeur.

■ Vous avez entre 24 et 36 points :

Vous avez un profil **SERVICE.**

✔ **ENTRE 30 ET 36 :**

Vous ne serez peut-être pas apte à « vendre n'importe quoi » et ne serez à l'aise que si vous êtes sûr de votre produit, si vous êtes dans un « créneau » que vous maîtrisez bien. Votre « plus » par rapport à la vente dure, c'est le sens du service. Négociateur, à l'écoute des clients, vous n'êtes pas un « défricheur », vous êtes plus un « constructeur ». Vous trouverez votre plein développement dans le moyen/long terme.

✔ **ENTRE 24 ET 30 :**

Les notions d'écoute, de service, de fidélisation, voire de conseil, ont pour vous une réelle importance. Peut-être parfois au détriment de l'agressivité commerciale. Bon négociateur, apte à comprendre les besoins du client, votre souci qualitatif – vos scrupules dans certains cas – risque de vous ôter l'assurance qui, en dernier lieu, permet d'obtenir la signature au bas d'un contrat.

✔ *Peut-être serez-vous plus à l'aise dans des fonctions de support à la vente, de SAV ou de marketing, selon votre origine professionnelle ou votre profil.*

Vous avez moins de 24 points :

Votre motivation est **IDÉALISTE**.

✔ ENTRE 18 ET 24 :

Votre motivation pour le métier de commercial est quelque peu idéaliste, ou peut-être n'en avez-vous pas une connaissance assez précise et concrète (c'est souvent le cas de personnes qui sont en contact avec les clients dans des relations de service, fonctions de SAV, de maintenance ou de support avant-vente).

Si vous êtes très motivé, si « vous en voulez », peut-être pourrez-vous connaître des réussites. Ce ne sera certes pas sur n'importe quoi, mais sur LE produit que vous connaissez bien, en lequel vous croyez, et sur lequel vous pourrez argumenter.

Attention :

a) pourrez-vous évoluer si vous devez changer de produit ?

b) serez-vous assez blindé face à la concurrence de commerciaux aguerris chez les concurrents ?

✔ VOTRE SCORE EST INFÉRIEUR À 18 :

Franchement, reposez-vous la question de vos motivations, de vos aptitudes et de ce qui vous incite à aller vers un métier de commercial.

TEST

AVEZ-VOUS UN PROFIL MANAGEMENT ?

Quelles sont vos aptitudes au management ?

Votre évolution professionnelle doit passer par le management. Mais en avez-vous le profil ? Voici trois tests d'aptitudes au management, chacun mesurant une caractéristique essentielle. L'association et la comparaison de ces trois tests vous restituera une image d'ensemble de vos caractéristiques propres vis-à-vis des fonctions de management.

Chaque test se présente sous la forme de 12 paires de phrases. Pour chacune, vous choisirez la phrase qui vous convient le mieux, celle qui vous caractérise *le plus* (même si les deux sont vraies). Pour répondre, entourez la lettre de la phrase choisie.

TEST 1

MESUREZ VOTRE LEADERSHIP

1 • Dans un projet nouveau, je trouve des idées . . . . B
Dans un projet nouveau, je prends les rênes de l'opération . A

2 • En général, j'adopte une position d'écoute et d'interface . . . B
En général, on suit mes idées . . . . A

3 • J'argumente beaucoup pour convaincre . . . . B
Quand j'émets des idées, le groupe m'écoute . . . . A

4 • On me reconnaît des qualités d'entraîneur . . . . A
On me reconnaît des qualités de négociateur . . . . B

5 • Le plus souvent, mes idées sont retenues par le groupe . . . A
Je sais tenir compte de tous les avis et les coordonner. . . . B

6 • Quand je participe à une activité, je suis souvent l'élément modérateur . . . . B
Quand je participe à une activité, je me retrouve souvent leader sans l'avoir voulu . . . . A

7 • J'entraîne les autres . . . . A
J'organise et je planifie. . . . . B

8 • J'aime trouver des argumentaires . . . . B
J'aime qu'on suive mes idées . . . . A

9 • Je suis toujours prêt à lancer des actions nouvelles. . . . . . A
J'établis des plans d'action solides . . . . B

10 • J'aime voir la réalisation concrète de ce que j'ai entrepris. . B
Je suis toujours prêt à prendre la tête d'un projet nouveau. A

11 • Dans un groupe, je suis l'élément moteur. . . . . A
Dans un groupe, je suis l'élément modérateur . . . . B

12 • J'aime analyser, trouver des solutions . . . . B
J'aime que les autres me suivent dans mes initiatives . . . . A

9 A > B

RÉSULTATS

■ Vous comptez une majorité de A :

Vous êtes doté d'une aptitude et d'une facilité naturelle à prendre la tête d'une activité, d'un projet, à être le porte-parole ou le référent d'une équipe. Élément moteur, charismatique, en tout cas écouté, vous savez entraîner les autres.

Cela ne signifie pas l'aptitude à l'encadrement au sens formel (pour cela, *référez-vous aux scores du Test 2)*.

Attention : Si ce score est *très élevé*, le risque est de vous trouver en conflit d'intérêt avec le « patron officiel » de l'équipe ou de l'activité, si vous n'êtes pas celui-là. Ou bien d'être perçu comme autocrate ou directif alors que c'est la passion qui vous anime.

■ Vous comptez une majorité de B :

Votre mode d'action est plutôt l'écoute, l'apport d'idées, la coordination, la négociation, la concrétisation selon le cas.

Attention : Un faible score en **A** peut signifier que vous êtes un « suiveur » plus qu'un élément moteur. Voyez vos scores aux tests 2 et 3 pour vous situer par rapport aux fonctions d'encadrement.

■ Un score de parité est le signe d'un bon équilibre, mais ne traduit pas un leadership très fort.

TEST 2
MESUREZ VOTRE APTITUDE À L'ENCADREMENT

1 • Je possède une bonne expertise technique de mon métier . . M
Je sais fixer des objectifs L

2 • Je n'ai pas peur de vérifier le travail des autres L
J'estime que chacun doit être autonome et responsable de son travail . . . . M

3 • Je préfère prendre les décisions pour le groupe L
Je préfère m'engager sur ce qui est du ressort de mes compétences . . . . M

4 • J'ai du mal à exécuter sans être décideur L
J'ai du mal à être décideur sur des aspects qui ne sont pas de ma compétence technique .... M

5 • J'aime mener mes actions de A à Z .... M
J'aime organiser et répartir le travail................. L

6 • J'estime que souvent pour être efficace on a plus vite fait de faire soi-même que............................ M
d'expliquer à des collaborateurs peu motivés
Je sais prendre en compte les caractéristiques de chacun pour mener une action L

7 • Je n'ai pas peur d'avoir la responsabilité d'autres personnes L
Je suis avant tout responsable de mon travail.......... M

8 • J'aime définir des objectifs L
J'aime voir le résultat de mon travail................. M

9 • On reconnaît mon efficacité......................... M
Je n'ai pas peur de sanctionner....................... L

10 • Je sais écouter tous les membres d'une équipe .... M
Je dois arriver au résultat qui m'a été demandé......... L

11 • On dit que je suis parfois autoritaire .... M
On dit que je suis fiable.............................. L

12 • Mon évolution professionnelle passe par l'encadrement d'équipe L
Mon évolution professionnelle passe par l'élargissement de mes compétences............................ M

RÉSULTATS

■ Vous comptez une majorité de L :

Vous montrez à la fois motivation et aptitude à l'encadrement d'équipe. Que vous en ayez déjà ou non une expérience, l'encadrement d'équipe vous attire.

Dans ce domaine, les qualités qui sont les vôtres sont : l'exercice de l'autorité, l'organisation du travail (gestion et planification des tâches). Si vous savez déléguer, vous savez également que manager c'est savoir fixer des objectifs, contrôler et sanctionner (en positif comme en négatif).

À la différence du test 1, celui-ci permet d'apprécier la prise réelle et concrète de responsabilités.

Attention : Un score très élevé en **L** peut être un signe d'autoritarisme. Attention à ne pas vouloir commander à tout prix, imposer votre ambition aux dépens des autres (surtout si le score A du test 1 est élevé).

■ Vous comptez une majorité de M. :

Votre profil est plutôt celui de l'expertise technique que de l'encadrement. Fiable, éventuellement perfectionniste, peut-être aurez-vous du mal à déléguer. Si de surcroît le score **A** au test 3 est élevé, vous donnez l'image de l'expert intransigeant, qui fait autorité dans son domaine, mais qui n'est pas forcément un manager d'équipe.

■ Un score de parité est le signe d'un bon équilibre, mais ne traduit pas une attirance très marquée pour l'encadrement.

TEST 3

MESUREZ VOTRE APTITUDE À PRENDRE DES DÉCISIONS

1 • Je suis très exigeant sur la qualité de mon travail....... Z
Je prends souvent des risques .... Y

2 • Je vais jusqu'au bout de ce qu'on me confie .... Z
Quand j'ai décidé quelque chose, je m'y tiens .... Y

3 • Je suis mal à l'aise si ce n'est pas moi qui décide .... Y
Je suis mal à l'aise si je ne fais pas un travail de qualité .. Z

4 • Je privilégie l'action .... Y
Mes décisions sont réfléchies .... Z

5 • Je n'ai pas de mal à prendre des décisions .... Y
Je m'entoure de conseils avant de décider .... Z

6 • J'estime qu'à mon niveau c'est à moi de décider des orientations stratégiques .... Y
J'estime que c'est la direction qui doit décider des orientations stratégiques .... Z

7 • Je suis quelqu'un sur qui on peut compter .... Z
Je m'impose souvent.............................. Y

8 • On dit souvent de moi que je suis fiable............. Z
On dit souvent de moi que je suis directif .... Y

9 • Lorsque les choses traînent dans une discussion, je trouve un terrain d'entente.................. Z
Lorsque les choses traînent dans une discussion, je tranche Y

10 • J'ai toujours évolué dans le sens que j'avais décidé ...... Y
J'ai toujours évolué grâce à mes qualités d'adaptation .... Z

11 • Dans une activité nouvelle, j'ai souvent des idées d'innovation ou d'organisation .... Z
Dans une activité nouvelle, c'est souvent moi qui prends les directives .... Y

12 • Le plus souvent, je prends les bonnes décisions .... Y
Le plus souvent mon travail est réalisé en temps et en qualité.. Z

RÉSULTATS

■ Vous avez une majorité de Y :

Vous avez un tempérament de décideur et voulez vous positionner comme tel. Vous savez assumer vos décisions.

Vous ne concevez pas votre fonction sans cette dimension et vous avez du mal à vous satisfaire de postes de subalterne ou d'exécutant. Si vous vous trouvez dans cette situation, vous chercherez vite soit à progresser dans votre société, soit à en changer.

Attention : si votre score est très élevé, le risque que vous encourez s'appelle la « décisionite » (vouloir toujours décider de tout, même quand ce n'est pas de votre ressort), ou de l'autoritarisme. Si vous devez encadrer une équipe, savoir décider c'est bien. Mais il faut aussi savoir écouter les autres et tenir compte de leur personnalité et de leurs aspirations. Sinon, vous risquez d'arriver à des situations de blocage ou de conflit.

■ Vous avez une majorité de Z :

Vous ne vous positionnez pas en tant que décideur (d'un groupe ou d'une activité). Vous respectez l'autorité, les décisions de la direction et préférez vous positionner comme la « cheville ouvrière », privilégiant la qualité, la fiabilité de votre travail.

Attention : le risque, si votre score en **Z** est très élevé, est de manquer d'engagement personnel dans les prises de responsabilités. En tout cas, ce n'est pas d'un très bon pronostic si vous envisagez de prendre des responsabilités de management.

- **Un score de parité est le signe d'un bon équilibre, mais ne traduit pas une capacité très forte à prendre des décisions qui engagent le groupe.**

CHAPITRE 5

LES BLOCAGES PARTICULIERS

« Je ne comprends pas pourquoi ils ne me recrutent pas. Quel est le problème : Mon âge ? Le fait que j'ai réalisé l'essentiel de mon parcours dans une même entreprise ? Pourtant je suis persuadé de ma capacité à résoudre leur problème… ce type de challenge, je connais ! »

Vous vous êtes informé sur l'entreprise, vous pensez être en phase avec son activité, son mode de fonctionnement et ses objectifs ; vous êtes à l'écoute de ses besoins, des exigences du poste à pourvoir… mais vous vous heurtez encore à d'autres blocages : âge, diplôme, parcours professionnel (que vous soyez mono-entreprise ou, au contraire, que vous ayez beaucoup bougé), manque d'expérience en management, etc.

Comment argumenter pour faire tomber tous ces points de blocage ? Justifier votre âge ? Difficile ! Quant au fait d'être resté 20 ans dans la même entreprise, d'être issu d'un secteur d'activité différent, ce n'est pas plus simple ! Et pourtant, ces objections sont récurrentes. Et que dire des candidatures internes parfois plus compliquées encore : vous êtes connu, mais dans un contexte particulier qui peut être enfermant ; des *a priori* brouillent votre image, des étiquettes vous « collent à la peau » dont vous n'arrivez pas à vous débarrasser.

Votre réflexe est alors de vous rallier à des généralisations telles que : « *Les entreprises ne recrutent plus de seniors.* », « *Aujourd'hui, en France, sans diplôme on n'a rien (on n'est rien)* », « *Être resté longtemps dans la même entreprise est aujourd'hui perçu comme un handicap* ». Toutes ces remarques ne sont-elles pas fondées sur des constats ? Certes. Mais prenez garde à ce que ces constats – avérés – ne se transforment pas en un système de d'autodéfense, d'autojustification. En mettant en cause la société ou les entreprises, vous vous privez de la recherche de solutions. Vous vous en doutez : vous ne changerez ni la société ni les entreprises. C'est donc *vous* qui trouverez les solutions pour *vous*, à votre niveau.

Si certains points d'achoppement que nous avons évoqués sont fondés, d'autres relèvent des préjugés, des fantasmes de recruteurs, ou de simples habitudes : l'entreprise recrute régulièrement tel type de profil (on appelle cela le recrutement par « clonage »), les recruteurs reçoivent leurs pairs (j'ai fait HEC, je recrute des HEC)... Ainsi, une sorte de « paresse » au recrutement s'installe, un manque de remise en question qui empêche l'entreprise de s'ouvrir à d'autres profils.

Face à ces blocages, ces objections, pour vous candidat, l'attitude à tenir est de *rester sur un terrain concret.* Si l'objection de l'entreprise à votre égard est de l'ordre de la généralisation, ou du fantasme, *sortez des domaines de la généralisation ou de l'opinion subjective.* Vous ne convaincrez jamais en opposant une opinion à une opinion. Si par exemple, un recruteur vous dit : *« On préférerait un diplômé d'une grande école »,* ce n'est pas en lui rétorquant : « *Les autodidactes sont plus opérationnels parce qu'ils sont formés sur le terrain* » que vous inverserez sa préférence, puisque son opinion *est déjà établie* sur ce point.

Mais il peut arriver aussi que ces points de blocage soient fondés. Par exemple, la difficulté d'adaptation aux petites entreprises des cadres qui ont travaillé longtemps au sein de grands groupes. Ne sous-estimez pas cette difficulté, qui peut être bien réelle, en vous contentant d'affirmer que vous avez changé plusieurs fois de service, dans le groupe où vous étiez. Il n'en reste pas moins vrai que dans ce groupe important, et au contraire d'une petite entreprise, vous pouviez vous appuyer sur une structure, vous disposiez de moyens, d'une organisation en place (du travail, de la communication), de possibilités d'évolution, que vous ne retrouverez pas dans une structure beaucoup plus modeste. À titre d'exemple, ce chef d'atelier issu d'un groupe industriel, qui retrouve un emploi dans une PME : après avoir pris connaissance du poste, il va trouver le patron et lui demande : « *qui s'occupe du service méthodes, où sont les gammes de travail, les définitions de temps machine, les plannings d'affectation des équipes ?* » Et le patron de lui répondre : *« Mais tout ça, c'est votre responsabilité ! »* À l'inverse, on peut imaginer le chef d'atelier de la petite usine se sentir complètement privé d'initiative, prisonnier de l'organisation de la production d'un grand groupe.

Ces blocages émanent souvent de l'entreprise, de ses habitudes et de ses contradictions internes, comme on l'a vu plus haut. Ils ont aussi pour origine le candidat lui-même qui, intériorisant un discours social lancinant relayé par les médias, se persuade que désormais tout est contre lui et donc, « en rajoute » : on commence à se dire qu'on est trop vieux à 45 ans !

Ces blocages, ces points d'achoppement sont des « incontournables ». Donc, il ne s'agit surtout pas d'essayer de les... contourner. Au contraire prenez-les en compte, analysez-les, apportez-y des réponses.

Mais comment agir, dans la mesure où il est impossible d'argumenter sur un point sur lequel vous n'avez pas à vous justifier et qui, de surcroît, est du domaine de l'opinion ? **En vous inspirant de la démarche méthodologique des conseils en organisation** : *Fragmenter* le problème pour comprendre quelles sont les préoccupations *concrètes* que cache l'objection, et être ainsi en mesure de pouvoir répondre *concrètement* et point par point à ces préoccupations.

Voici donc les sept « incontournables » les plus fréquents :

– J'ai plus de 50 ans.

– J'ai peu de diplômes.

- Je suis resté longtemps dans la même entreprise.
- J'ai souvent changé d'entreprise.
- Je suis resté longtemps sans emploi.
- Je n'ai pas la compétence technique du secteur.
- Je ne peux pas me défaire de cette « étiquette ».

Les cinq premiers thèmes concernent plus particulièrement le recrutement externe, les deux derniers sont davantage du domaine de la mobilité interne.

Pour chaque thème, nous mettrons à plat :

- Les préoccupations concrètes du recruteur.
- Les pièges classiques (*que se tendent eux-mêmes les candidats)*.
- Les arguments positifs que suscite votre situation.

Et pour conclure :

- Quelques conseils de synthèse.

A. COMMENT ABORDER LES POINTS DE BLOCAGE

a. « J'ai plus de 50 ans »

Il est insupportable, la cinquantaine tout juste passée, de se sentir considéré comme « un vieux » qui n'a plus sa place dans l'entreprise, alors *qu'on n'est pas vieux*, que l'on a toujours des idées, de l'enthousiasme, de l'énergie, et que l'on ne comprend pas pourquoi le fait de travailler avec des collègues et des patrons plus jeunes, peut poser problème, puisqu'en fait, on est déjà dans cette situation depuis l'âge de... 40 ans !

C'est vrai, les grands groupes, connus pour leur politique de recrutement de jeunes diplômés, n'embauchent pas de « quinquas ». De surcroît, les grands plans sociaux depuis les années 80 et certaines revendications sur l'âge des départs à la retraite ont ancré dans l'inconscient des recruteurs (et, il faut aussi le reconnaître, de bien des cadres !) l'idée que, passé 50 ans, on est un (pré-) retraité potentiel, donc sur le déclin. Pourtant, certains préjugés ne résistent pas à la confrontation avec la réalité. Se basant sur une enquête Apec/Quinquadres, l'hebdomadaire « Courrier Cadres » écrit : « La perception des cadres seniors par les DRH était en général plutôt négative. Mais quand on leur demandait de décrire un de leurs proches collaborateurs de plus de 50 ans, les réactions étaient totalement différentes, positives et chaleureuses. »[1] Repousser les seniors c'est aussi faire fi – et se priver – de qualités qui leur sont unanimement reconnues comme le fait remarquer Yves Aoulou dans son ouvrage *Vive mes années seniors*[2] : « Fiabilité, expérience, rapidité de décision, capacité à manager... seniors, vous avez bien des qualités ».

Alors, que dire lorsqu'on vous fait l'objection de l'âge ?

1. « Apprendre à parler de soi ». Dossier de Pascale Colisson, Marie-Nadine Eltchaninoff et Michel Gibert. Courrier-Cadres. 3 juillet 2003.
2. Vive mes années seniors. Yves Aoulou. 2001. Éditions d'Organisation. 12 €.

1 – <u>Les Préoccupations du recruteur</u> : il craint chez le candidat...

- La force des habitudes acquises, le manque d'adaptabilité, la « nostalgie » de ce qu'il a connu.
- Le manque de réactivité.
- La difficulté à se former, à s'adapter aux techniques nouvelles.
- Le sentiment d'échec, la démotivation.
- La moindre résistance physique, la fatigabilité.
- Le manque de créativité.

2 – <u>Les pièges classiques</u> :

- Méfiez-vous de « L'Expérience » avec un grand E. Dire « J'ai de l'expérience » est souvent entendu comme « J'ai des habitudes ».
- Attention à ne pas avoir réponse à tout. Même si vous « avez de l'expérience », vous n'appliquerez pas les mêmes recettes dans la nouvelle entreprise.
- Les jeunes recruteurs peuvent être mal à l'aise face à des seniors : c'est souvent l'objet d'un double malentendu, chacun reprochant à l'autre de ne pas se respecter.
- Attention à votre autosuggestion : à force de lire et d'entendre partout qu'à partir de 50 ans les entreprises n'embauchent plus, on finit par adopter une attitude d'emblée défaitiste.

3 – **Vos arguments** : *Qu'est-ce qu'une entreprise peut attendre d'un senior ?*

- Le sens de l'autorité.

- La capacité à prendre et assumer des responsabilités.
- La crédibilité vis-à-vis des clients, du personnel.
- La capacité de résistance face aux situations difficiles.
- L'expertise et / ou la polyvalence.
- L'assiduité.
- La rapidité de décision (une qualité essentielle aux yeux des recruteurs).

Conseils :

- Ne vous trompez pas de cible, ne vous obstinez pas à répondre à des offres qui sont manifestement destinées à des juniors.
- Toute votre attention doit se porter non pas sur la seule réponse aux objections, mais sur l'apport d'arguments positifs par rapport aux attentes de l'entreprise.
- Votre expérience se traduit par un éventail de savoir-faire et de compétences qui sont prêts à se conjuguer au futur. Montrez votre ouverture et votre *créativité*. Un senior qui ne « court plus après la carrière » peut apporter quantité d'idées.
- L'expérience, c'est ce qui sert à gagner du temps, et donc à trouver des idées et des solutions nouvelles.

b. « J'ai peu de diplômes »

La « diplômite », mal français, paraît-il... Vous avez débuté jeune avec, en poche, votre seul diplôme de technicien ou un simple Bac ; puis vous avez évolué, pris des responsabilités, êtes « passé » cadre ; enfin, vous avez réussi à exercer d'importantes responsabilités d'encadrement de service ou d'unité. Aujourd'hui, vous craignez que votre diplôme de technicien ne tienne pas la route face aux exigences actuelles des recruteurs.

- Première observation : Utilisez d'autres moyens de recherche que les classiques petites annonces (celles publiées sur l'internet ciblent encore plus particulièrement les jeunes diplômés) qui ne représentent pas la totalité du marché de l'emploi. Faites appel à votre réseau professionnel : par son intermédiaire, vous rencontrerez des interlocuteurs qui sauront apprécier (sans se préoccuper de votre diplôme) vos compétences, vos qualités et ce que vous pouvez apporter à une entreprise.
- Deuxième observation, ne vous leurrez pas : pour certaines entreprises, certains grands groupes notamment, la « peau d'âne » est un sésame incontournable. Il en va de même pour certaines fonctions, certaines responsabilités : pour assurer, par exemple, la direction industrielle d'une grande entreprise on recrutera un X ou un centralien, mais pas un autodidacte. Et il *en a toujours été ainsi*.

Alors, que dire de vous qui n'avez pas de (gros) diplômes ?

1 – <u>Les Préoccupations du recruteur : il craint que...</u>

- Quelqu'un qui s'est formé sur le tas, ait toujours « le nez dans le guidon » et manque du recul nécessaire.
- Qu'il manque d'esprit de synthèse.
- Qu'il manque aussi de niveau d'abstraction et de conceptualisation (« bon productif, sans doute, mais pas promoteur d'idées nouvelles »)

- Qu'il ait des difficultés à assumer les mêmes responsabilités s'il n'est plus dans une structure qu'il connaît bien et où il est sécurisé.
- Qu'il manque de culture générale.

2 – Les Pièges Classiques :

- Les systèmes d'autodéfense en forme de généralisation comme : « Aujourd'hui, en France, si on n'est pas super-diplômé, on n'a rien ». En adoptant ce type de réflexe, vous pensez peut-être avoir trouvé les responsables de vos difficultés, mais vous ne faites pas avancer votre argumentation pour convaincre. Les conseillers en outplacement constatent souvent ce réflexe d'autodéfense : comme si « avant », il avait existé un « âge d'or » où tout pouvait se faire sans diplôme ; comme si, dans les autres pays, les diplômes n'existaient pas et que les autodidactes étaient facilement embauchés pour des postes de direction, etc.
- Les simplifications du genre : « expérience vaut diplôme ». Nous avons vu que ce n'est pas un argument suffisant vis-à-vis de ce que les entreprises attendent des diplômés.

3 – **Vos arguments** : *(Il y en a !) En quoi pouvez-vous intéresser une entreprise :*

- Votre réalisme, votre pragmatisme.
- Votre connaissance du terrain.
- Votre connaissance du métier, du secteur d'activité.

- Votre engagement personnel, votre sens des responsabilités.
- Votre côté « bosseur ».

Conseils :

- Expliquez les raisons qui ont fait que vous avez pris ces responsabilités ; quelle a été votre part d'engagement personnel lors de vos changements de fonction.
- Puisque l'on attend de vous du recul, un esprit de synthèse, travaillez vos présentations : n'en restez pas au niveau du détail, des descriptions minutieuses de vos tâches et missions. Vous pouvez adopter le schéma Objectifs – Moyens – Résultats.
- Montrez que vous êtes toujours ouvert à la formation et apte à vous former.
- Travaillez la confiance en vous et en votre propre conviction : c'est *vous-même* qui allez prendre des responsabilités nouvelles et vous êtes capable de le faire hors de l'ancienne structure où vous avez grandi.

C. « Je suis resté longtemps dans la même entreprise »

Plus qu'une mode, le changement devient une pression sociale. À tel point que si l'on est resté un certain nombre d'années dans la même entreprise, on redoute que cela puisse être perçu comme un sérieux handicap, que l'on puisse être accusé d'immobilisme voire « d'encroûtement ».

Mais, si l'on est resté longtemps dans une même entreprise, ce n'est pas seulement parce qu'on y a trouvé un certain confort. C'est aussi, parce qu'on y a donné satisfaction, qu'on y a évolué, progressé, accepté et assumé des responsabilités. De plus, certaines fonctions exigent un minimum de temps pour être pleinement assurées. Quant aux entreprises, elles attendent vraiment de leurs cadres cette maturité et cette solidité éprouvées pour décider de leur confier de hautes responsabilités.

Comment le dire ?

1 – Les Préoccupations du recruteur :

- La « nostalgie » du candidat pour son ancienne entreprise.
- Les habitudes prises et donc les difficultés à s'adapter à d'autres contextes.
- Le fait d'avoir été assisté, et donc un manque de pugnacité et de dynamisme.

2 – Les Pièges Classiques

- Attention à ne pas vous référer constamment à l'organisation, aux méthodes, à l'encadrement, aux manières de faire de votre ancienne entreprise. Ne dites pas : « On faisait comme ceci... », « On était organisé comme cela... ». Prenez les choses à votre compte ; trouvez des exemples dans lesquels vous étiez impliqué et parlez à la première personne.

3 – **Vos arguments** : *Qu'est-ce qu'une entreprise peut attendre de vous ?*

- La stabilité, la fiabilité.
- Une méthodologie.
- La connaissance du métier ou du secteur.

- L'adaptabilité (rester dans une même entreprise est *aussi* une forme d'adaptabilité).
- Le sens des responsabilités.

Conseils :

Ne culpabilisez pas ! Si vous êtes resté dans la même entreprise, c'est que les circonstances s'y prêtaient (pourquoi pas ?) ; que vous y étiez bien (vous en avez le droit) ; que vous avez évolué (ne manquez pas de montrer quelles ont été ces évolutions : techniques, niveaux de responsabilités) ; que vous êtes fiable, que vous y avez sans doute trouvé un intérêt, mais aussi que *vous ne vous renoncez pas dès la première difficulté ; que vous savez aussi tenir votre poste même quand tout n'est pas facile.*

Aujourd'hui, les entreprises ne recherchent pas que des « pigeons voyageurs », des « chasseurs de primes » (tant s'en faut), des cadres hyper-mobiles… De votre côté, vous ne demandez qu'à pouvoir être aussi fiable et évolutif dans la nouvelle entreprise que vous l'étiez dans la précédente.

On entend souvent les cadres évoquer la « perte d'identité » consécutive au départ de leur entreprise. En fait, c'est bien du contraire qu'il s'agit. **Vous « perdez » l'identité de l'entreprise, mais c'est votre propre identité que vous allez retrouver,** hors de l'ancien contexte sécurisant. Affirmez-vous et responsabilisez vous en employant le : « Je » pour décrire vos savoir-faire.

d. « J'ai changé souvent d'entreprise »

À l'inverse du paragraphe précédent, avoir changé un peu trop souvent d'entreprise peut inquiéter les recruteurs. À un certain niveau de responsabilités, ou pour certaines fonctions de production, les entreprises recherchent un minimum de stabilité. Et si les commerciaux sont plus mobiles, on se méfie de ceux qui ne restent pas en place : atteignent-ils vraiment les résultats qu'ils prétendent ?

Or, vos changements ne trahissent pas nécessairement une instabilité chronique de votre part, ni vos manques de résultats : ils peuvent résulter d'un choix effectué en début de carrière pour acquérir une polyvalence et une expérience terrain nécessaires à la prise de responsabilités. Ils peuvent être aussi le résultat de périodes plus difficiles de votre vie, de contraintes économiques, qui vous ont fait accepter des « jobs alimentaires », ce qui tend à prouver votre ténacité et votre volonté de travailler.

Comment en parler ? Comment rassurer ?

1 – Les Préoccupations du recruteur :

- L'instabilité caractérielle, le manque de maturité.
- Les difficultés d'adaptation (*changer souvent, cela signifie certes qu'on s'est adapté à des contextes différents, mais cela veut dire aussi que cette adaptation n'est que de court terme et superficielle*).
- Le manque de réalisation à long terme
- Le manque de pugnacité
- Le manque de réussite
- Le carriérisme (*corollaire : engagement faible dans les valeurs de l'entreprise*).

2 – Les pièges classiques : deux écueils

- Se montrer sous un jour opportuniste : faire peur en donnant l'image de quelqu'un de tellement indépendant qu'il n'entrera pas dans le cadre imposé de l'entreprise.
- Se montrer sous un jour fataliste : décevoir en se présentant comme une « pâte molle » capable d'accepter n'importe quoi.

3 – **Vos arguments** : *Qu'est-ce qu'une entreprise peut attendre de vous ?*

- La capacité à apporter une dynamique nouvelle
- L'apport de méthodologies, de modes de travail différents
- La capacité à vous prendre en charge : vous ne vous reposez pas sur l'entreprise.
- La capacité à rebondir face aux aléas.

Conseils :

- Montrez que vous saurez vous « couler » dans la structure et la culture de l'entreprise.
- Si votre instabilité a été plus subie que volontaire expliquez que, maintenant, vous êtes clair sur vos choix et qu'ils s'inscrivent désormais dans la durée.
- Si, au contraire, votre mobilité était volontaire, insistez sur la mise en place, la concrétisation, la consolidation de vos actions dans les entreprises où vous êtes passé. Si possible, montrez que ce que vous avez mis en place est toujours opérationnel après votre départ.

e. « Je suis resté longtemps sans emploi »

Voilà bien un sujet de préoccupation, voire d'angoisse, pour les candidats dont la durée de recherche d'un emploi s'allonge avec les conséquences néfastes que l'on sait sur la confiance en soi.

On repère plusieurs facteurs expliquant cet allongement de la durée de recherche : on a peut-être perdu du temps, au début, en pensant que trouver un job serait plus facile ; on a espéré des opportunités qui ne sont pas venues ou qui ne se sont pas concrétisées ; on a peut-être connu des déceptions et des échecs... bref, le temps nous file entre les doigts : six mois, huit mois, un an... cela nous paraissait impensable et voilà qu'on y est ! Avec, en plus, le sentiment d'avoir régressé, de ne plus savoir rien faire.

Que dire de tout ce temps passé, lors du prochain entretien qui se profile enfin ?

1 – <u>Les préoccupations du recruteur :</u>

- La faiblesse, ou l'inadéquation des compétences.
- Le manque d'adaptabilité.
- La perte du rythme de travail.
- Des exigences inadaptées (rémunération, conditions de travail).
- Des problèmes caractériels, un état dépressif.

2 – <u>Les pièges classiques</u> :

Ne cherchez pas à vous justifier en invoquant de mauvaises raisons du genre : « c'est à cause de mon âge » (surtout si vous avez la quarantaine) ; « aujourd'hui il faut être Bac + 10 pour trouver » ; « le secteur est sinistré » ; etc. Vous ne convaincrez personne en rendant responsables de votre situation, des éléments sociaux extérieurs à vous et sur lesquels vous ne pouvez rien. C'est bien de *vous*, de vos responsabilités et de votre engagement qu'il faut parler.

3 – **Vos arguments** : *Qu'est-ce qu'une entreprise peut attendre de vous ?*

Après avoir apporté la démonstration de vos compétences transférables et de votre adéquation au poste, l'argument essentiel est *la très forte envie de « vous y coller » et de vous engager dans la nouvelle entreprise.*

Conseils :

- Ne culpabilisez pas, n'entrez pas dans la spirale de l'échec terriblement croqueuse de temps et d'énergie : des échecs répétés vous feront douter de vous, jusqu'au moment où, inconsciemment, vous préférerez ne pas monter de nouveau au créneau de peur de devoir vivre un nouvel échec.
- Entraînez-vous à présenter cette période « d'inactivité » de manière factuelle : expliquez simplement les étapes de votre recherche. Si, à une période, vous n'avez rien fait pendant quelques mois, n'essayez pas de le maquiller : assumez-le : vous aviez besoin de cette sorte de « congé sabbatique » pour faire le point avec vous-même…
- Évoquez vos déconvenues dans la même logique : vous avez tâtonné avant de retrouver votre positionnement (changement de type d'entreprises, de modes de

responsabilités). Ce sont ces expériences qui vous permettent aujourd'hui de vous présenter et c'est avec réflexion et *envie* (et non angoisse et nécessité) que vous vous présentez.

Une dernière remarque : ces mois de recherche vous ont parus très longs. Mais cela n'est pas forcément perçu comme anormal par un recruteur qui sait qu'une recherche d'emploi n'est jamais facile.

f. « Je n'ai pas les compétences techniques requises pour ce secteur »

Votre poste est menacé ; l'activité qui vous emploie peut, à terme, être sous-traitée, délocalisée ; vous ne voyez plus d'évolution possible au sein de votre entreprise... Par chance, des postes de votre niveau sont à pourvoir dans d'autres divisions du groupe.

Il s'agit de responsabilités commerciales et/ou de marketing, d'organisation, de production qui sont de votre ressort. Mais voilà : les secteurs d'activité sont différents du vôtre et, bien sûr l'offre parue sur l'intranet est sans ambiguïté : la connaissance du secteur est souhaitée !

Pourtant, vous ne pouvez pas ne pas postuler.

Comment convaincre ?

1 – <u>Les Préoccupations du recruteur</u> :

- Il va falloir du temps au candidat pour être au fait de notre activité.
- L'approche métier – ou les méthodes commerciales – ou les process de fabrication – sont différents de son ancienne activité.

- Il n'aura pas la crédibilité nécessaire auprès de son équipe, des autres entités du groupe, des clients.
- Il va plafonner car il ne pourra pas suivre les évolutions techniques.
- Il recherche surtout la sécurité en postulant au sein même de l'entreprise.

2 – <u>Les pièges classiques</u> :

- Un poste ne vous est pas acquis parce que « vous faites partie de la maison » (c'est souvent difficile à admettre !).
- Même si les objections ci-dessus ne vous paraissent pas pertinentes, n'en sous-estimez pas le bien-fondé.
- Ne pensez pas que vos qualités reconnues à un poste donné vous permettent d'être automatiquement crédible à un autre poste.

3 – **Vos arguments** : *Qu'est-ce que l'entreprise peut attendre de vous ?*

- Une approche différente du métier, du process, peut être perçue comme positive. Vous pourrez dépoussiérer, secouer les habitudes, faire bouger les choses.
- Vos capacités d'organisation, de management, votre approche commerciale, sont reconnues et convaincantes.
- Vous prouvez un engagement personnel fort dans le projet d'entreprise.

<u>Conseils :</u>

- Informez-vous bien sur les attentes de l'entreprise, la définition de poste, vos missions, vos objectifs, vos moyens, votre environnement : personnalité du manager, climat au sein de l'équipe.
- *Anticipez sur les préoccupations :* ne niez pas les écarts techniques ; expliquez de quelle manière vous allez les combler et être rapidement opérationnel. Décrivez quels sont les acquis et les compétences liés à votre fonction actuelle sur lesquels vous pourrez vous appuyer.
- *Vous avez d'autant plus intérêt à entreprendre cette réflexion, que dans ce type de situation certaines entreprises mettent en place des « assessment centers ».*

g. « Je ne peux pas me défaire de cette étiquette ! »

L'un des handicaps à la mobilité interne les plus difficiles à surmonter, est d'être connu pour « une étiquette » qui nous colle à peau, quelles que soient les qualités qu'on peut démontrer par ailleurs.

Il peut s'agir d'un échec commercial, d'une expérience malheureuse d'encadrement, du manque de fermeté vis-à-vis d'un sous-traitant qui n'a pas livré à temps, de sa sympathie vis-à-vis d'un syndicat lors d'un conflit social... Cela peut être moins formel et tenir de la rumeur ou du procès d'intention : vous passez pour une « tête brûlée », vous n'êtes pas « motivé », vous êtes « trop indépendant », à une certaine époque vous avez « pété les plombs », etc.

Et vous vous entendez opposer (clairement ou par allusions) ces griefs lorsque vous demandez à évoluer, changer de secteur, prendre des responsabilités. Des griefs qui ne sont pas forcément rédhibitoires pour le nouveau poste (vous seriez bien le seul à n'avoir jamais connu d'échecs ni de revers et à ne vous être jamais énervé), mais qui sont tenaces. De plus, ils ont pu être déformés et amplifiés, comme toute rumeur.

Oui mais voilà : s'il y a bien quelque chose dont il est difficile de se défaire, c'est d'une étiquette ! Et c'est d'autant plus difficile à contrer, que cette étiquette est entrée dans la « conscience collective » de l'entreprise : vous êtes catalogué.

1 – Les Préoccupations du recruteur :

- Il est catalogué, il aura du mal à être crédible vis-à-vis de sa nouvelle équipe.
- Ce qu'on dit de lui repose certainement sur quelque chose de vrai qui peut se reproduire. Il n'y a pas de fumée sans feu…
- La confiance des autres départements est entamée, son service risque d'en faire les frais.

2 – Les Pièges classiques :

- La « politique de l'autruche » : faire comme si cette étiquette n'existait pas.
- Chercher à reporter la responsabilité sur les autres : bon moyen pour se décrédibiliser et s'enfoncer davantage.
- Chercher des justifications.

3 – Conseils

- Argumenter sur ses qualités est toujours nécessaire. Mais, en l'occurrence, cela ne suffit pas puisqu'il n'est pas question ici de vos qualités, voire de vos compétences, mais d'une étiquette qui vous colle à la peau, d'une « réputation ». Ce n'est donc pas à ce niveau que se situe le point de blocage.

- Abordez le sujet même s'il n'est pas clairement évoqué. N'attendez pas d'avoir à vous justifier. Se justifier, c'est se mettre dans une situation de défense, de faute supposée, bref, en position de faiblesse. Soyez clair, franc, direct, mettez les choses à plat. Tant qu'un doute subsiste, il continuera de gangrener tout le reste. Décrivez objectivement le processus qui vous a conduit à l'échec ou à « commettre » ce que l'on vous reproche. Par exemple : « *Je sais qu'on m'a reproché, à telle occasion, mon manque de résultats. Je vous en rappelle le contexte, ce que j'ai fait, ce qui reste malgré tout de positif, et les enseignements que j'en ai tirés.* » Agissant ainsi, vous apportez des arguments qui vous mettent dans la perspective du poste futur, au lieu de vous cantonner dans la justification du passé.
- Vous serez alors en meilleure position pour apporter des exemples concrets de vos réalisations réussies et de l'impact positif qu'elles ont eues sur vos équipes ainsi que sur les résultats de l'entreprise.

4 – **Vos arguments** : *ce que peut penser le recruteur si vous réussissez à faire passer votre message.*

- Il fait preuve de maturité ; il est capable de faire face aux difficultés.
- Il sait assumer ses responsabilités.

- Il accepte de se remettre en cause ; il peut progresser.
- Il ne cherche pas à rester dans un placard à la suite d'un échec.

Une dernière remarque : si vraiment vous n'arrivez pas à débloquer votre situation, si les à priori négatifs sont trop forts ou trop ancrés, cela signifie peut-être que vous devez vous poser d'autres questions sur votre situation et sur vos perspectives au sein de l'entreprise !

B. ÉTUDES DE CAS

a. Éric ou la force de l'âge

Ingénieur BTP, 55 ans, Éric a occupé, tout au long de sa carrière, des responsabilités importantes sur des projets d'envergure à travers le monde : barrages, tunnels, ouvrages d'art, en Europe mais aussi en Amérique du Sud, au Moyen-Orient et jusqu'en Chine. Il a changé plusieurs fois d'employeur étant, dans la plupart des cas, recruté pour la durée du chantier. Ce qui était son choix. Éric sait de quoi il parle lorsqu'il évoque des sujets comme l'autonomie, les responsabilités, la gestion des situations difficiles. Il exerce dans un domaine où l'expérience est un atout (le vécu d'un chantier à l'autre bout du monde ne s'apprend pas à l'école). Aujourd'hui sa connaissance des rouages et des protagonistes de ce type d'activité lui permet de proposer ses services aussi bien du côté de la maîtrise d'œuvre, que de la maîtrise d'ouvrage.

Ce n'est ni par choix ni par opportunité qu'Éric a quitté sa dernière entreprise : celle-ci a dû licencier, face aux mauvais résultats financiers et faute de perspectives. Homme d'action, Éric ne se voit pas dans la peau d'un pré-retraité, même si ses indemnités sont tout à fait correctes. En revanche, il se trouve confronté à une situation qu'il ne connaissait pas : les réponses négatives systématiques à ses candidatures. Et, il faut le dire, Éric a souvent été éconduit sur des offres qui exigeaient bien son niveau d'expérience et de responsabilités.

Suivi en outplacement, Éric parle de ces refus avec son conseiller : « Je suis sûr que c'est mon âge qui fait blocage », estime-t-il. Que faire ? Ne pas faire mention de l'âge sur le CV ? Il n'est pas certain que, dans son cas, cette « omission » résolve le problème. Surtout compte tenu du « palmarès » du candidat et des dates de quelques grands chantiers de référence. Et puis cacher cet âge, c'est peut-être accréditer l'idée qu'il constitue une faiblesse. Le consultant propose au contraire de mettre l'âge en exergue. Éric ajoute donc une phrase à ses lettres de candidature : « Mon âge est celui où on peut le mieux se montrer créatif tout en assumant des responsabilités de projet ».

Éric commence alors à obtenir des rendez-vous, en particulier auprès de cabinets d'ingénierie. Il finit par décrocher, suite à une candidature spontanée, un contact très intéressant dans une entreprise importante dans la maîtrise d'œuvre de projets tunneliers, et qui est à la tête de plusieurs projets ou chantiers de métros en Europe. La responsable du recrutement, une jeune femme, est sensible à l'approche volontaire et projective d'Éric. Elle lui fait rencontrer deux directeurs techniques. Très vite, ils parlent des chantiers en cours ou en démarrage, des besoins sur ces chantiers, de ce qu'Éric pourrait y apporter compte tenu de son savoir-faire. On lui propose alors d'aller sur un chantier en cours de prolongement d'une ligne de métro. La taille de la mission, le niveau de responsabilités, sont de moyenne importance, mais il y a là un besoin précis et chacun pense que ce sera pour Éric une occasion de se familiariser avec l'entreprise, afin de prendre ultérieurement des responsabilités plus importantes.

Notre ingénieur va donc passer une journée sur place. À son retour, il apprend que le responsable de travaux sur le site s'oppose à son recrutement. Motif : **surdimensionné.** Éric a beau dire que c'est un faux problème puisque cela ne constitue pour lui qu'une étape pour intégrer la société, il doit accepter l'idée qu'embaucher quelqu'un contre l'avis du chef direct est un recrutement voué à l'échec. Néanmoins, la direction technique centrale souhaite toujours s'adjoindre les services d'Éric. Elle lui propose alors d'intervenir sur la coordination d'un autre chantier. Objectif clairement affiché : faire ses preuves avant de prendre la direction d'une filiale qui a besoin d'être réorganisée. Éric mesure l'enjeu : il l'accepte avec autant de réalisme que d'ambition.

QUELS ENSEIGNEMENTS TIRER DE CE CAS ?

Souvent, comme ce fut le cas pour Éric, l'âge constitue un obstacle aux entretiens. Dès lors que vous décrochez un entretien, vous êtes en mesure de défendre vos chances et d'être bien perçu. Cependant, mentionner son âge dans sa lettre de candidature, accompagné d'un argument

« vendeur », comme l'a fait Éric, n'est pas une stratégie à reproduire au pied de la lettre, ni dans tous les cas. L'idée à retenir est de s'inscrire dans une démarche **projective** et non pas justificative : **l'âge, ici, a été présenté comme force de proposition.**

L'autre élément important de cet exemple concerne le « surdimen-sionnement » d'Éric. Nous l'avons déjà dit, c'est là le type d'objection sur lequel on ne peut pas argumenter. Pourquoi ? Parce que votre interlocuteur sait bien que si vous êtes capable d'en faire plus, vous saurez en faire moins. Vous n'emporterez donc pas son adhésion en lui tenant ce genre d'argument. En fait, la préoccupation du recruteur est différente : il craint votre démotivation une fois que vous serez assuré d'avoir retrouvé un emploi, que vous aurez pris la dimension du poste. Il craint aussi que vous manifestiez des ambitions – ou des aspirations – qui ne pourront être satisfaites. Il se peut enfin, et c'est le cas dans l'exemple d'Éric, que le supérieur hiérarchique direct appréhende de voir placer sous ses ordres quelqu'un qui possède plus d'expérience et de compétences que lui. Hélas, à ce niveau, il devient difficile de rassurer : vous êtes dans le domaine du subjectif, du ressenti, vous touchez aux craintes intimes de votre interlocuteur.

En conclusion : c'est parce que l'entreprise avait des perspectives et qu'Éric intéressait la direction générale que celle-ci a pu lui proposer un autre projet.

b. Georges ou comment une – mauvaise – étiquette vous colle à la peau

À 47 ans, Georges, chef d'atelier d'une unité de matériel professionnel au sein d'une multinationale électronique, est contesté dans ses fonctions. Il manque d'autorité sur ses équipes et les résultats sont mauvais. Georges est ancien dans la société, la direction estime qu'il ne servirait à rien de le sanctionner et qu'il conviendrait de lui trouver une nouvelle affectation. Pour réfléchir à d'éventuelles solutions, on propose à Georges un bilan professionnel.

Ce bilan déroule une carrière de technicien d'études qui a participé au développement de plusieurs produits et qui, à la suite de la délocalisation des laboratoires, a été affecté à la production. Solution somme toute logique, et évolution assez fréquente chez les techniciens débutant en laboratoire. Il s'agit d'un atelier qui produit à l'unité ou en petites séries suivant les spécifications des entreprises clientes. Les techniciens et les ouvriers qui le composent sont des professionnels chevronnés, à l'expérience incontournable. Mais il faudrait un tempérament et une autorité forte pour les obliger à respecter les plannings et les procédures qualité qu'exige la production actuelle, l'entreprise étant confrontée à une concurrence étrangère très vive. Or Georges ne possède ni ce tempérament, ni cette autorité. C'est un technicien pointilleux, perfectionniste, extrêmement soucieux de la qualité. Dans son rôle de chef d'atelier, non seulement il ne peut pas obtenir de ses équipes le respect de ce qui est exigé, mais, et à titre personnel, il est miné par les reproches qui lui sont faits sur la mauvaise qualité de livraison.

Les conclusions du bilan professionnel, entérinant son manque de compétences à l'encadrement, préconisent d'orienter Georges vers le service qualité. Cette solution provoque des levées de boucliers de la part de la direction de l'unité : « Tout le monde se plaint de la mauvaise qualité produite, le service qualité connaît les pires difficultés avec son atelier, et vous voulez le diriger vers la qualité ! ... »

On faisait donc grief à Georges de ses difficultés à manager. Mais le reproche le plus grave concernait la mauvaise qualité. Voilà la mauvaise étiquette qui s'attache au technicien scrupuleux !

Le consultant qui mène le bilan, tente alors d'expliquer à la direction le paradoxe dans lequel se trouve Georges et propose un « coaching » pour l'aider dans ses entretiens avec le responsable qualité. Ce travail de « coachnig » consiste à analyser un par un avec le candidat, l'ensemble des reproches faits à son atelier par le service qualité. De les admettre puisqu'ils sont fondés et alors seulement, d'argumenter : « Voici les actions, les contrôles, que j'ai tenté de mettre en place. Je n'y suis pas parvenu, je le reconnais, mais la raison n'en est pas mon manque d'esprit qualité. Elle tient aux difficultés d'encadrement que j'ai rencontrées – et qui ont justifié un bilan professionnel pour chercher un changement d'affectation. » Une fois ceci expliqué et admis, le candidat pourra revenir sur son métier de technicien et exposer tout ce qu'il peut apporter à titre personnel (et non pas un atelier rétif) à un service qualité, en matière de normes et de métrologies.

Georges a hésité à se présenter ainsi, son premier réflexe aurait été de se défendre. Mais, convaincu et s'y étant bien préparé, il a finalement pu trouver une meilleure orientation à sa carrière.

QUELS ENSEIGNEMENTS TIRER DE CE CAS ?

Un problème peut en cacher un autre et l'on peut se faire coller une étiquette sans en être vraiment conscient. Dans une situation difficile comme celle de Georges, il existe deux niveaux : celui de sa propre difficulté à assumer son rôle de chef d'atelier et celui des attentes de l'entreprise en termes de qualité. C'est en analysant la situation qu'on peut situer le cœur du problème. Ici, au-delà de la gestion des hommes, *l'entreprise cristallise sur le produit livré, puisque c'est là son enjeu, vis-à-vis de la concurrence.*

Le point fort de Georges étant devenu pour l'entreprise son point critique, sa situation devenait paradoxale : tous les arguments qu'il pouvait trouver pour défendre sa position se retournaient contre lui. D'où la nécessité de renverser la problématique pour ne pas donner prise aux *a priori* indéfendables et que son argumentaire soit donc entendu et compris.

Chapitre 6

LE BON POSITIONNEMENT

« Vous pensez que je peux poser ma candidature, que cette offre n'est pas surdimensionnée ? Et comment persuader que je peux être le bon candidat ? Il s'agit tout de même d'un changement professionnel radical... je ne suis pas un peu... décalé, non ? »

A. LES DÉCALAGES

a. Les types de décalages

1 – Les décalages fonctionnels : technique, métier, niveau de responsabilité. Vous pouvez combler ces décalages. Pour ce faire, vous disposez de 3 leviers :

– L'argumentation.
– La conviction.
– Le travail sur vous-même.

Mais au préalable vous en aurez mesuré l'amplitude : « *Puis-je raisonnablement assurer aujourd'hui tel niveau de responsabilité ?* » « *Puis-je vraiment changer de secteur d'activité ?* » « *Puis-je changer de fonction sans repartir de zéro ?* ». Dans tous les cas : « *De quoi aurai-je besoin : connaissance de l'activité, formation complémentaire, volonté accrue, humilité... pour être crédible ?* ».

2 – Les décalages culturels : ce sont les plus difficiles à combler – pour ne pas dire impossibles dans certains cas. Il est vain d'argumenter pour changer la culture d'une entreprise ou d'un secteur. Ainsi, si l'on sait que telle multinationale américaine de produits électroniques n'embauche que des jeunes diplômés, il serait vain de chercher à y postuler si l'on est senior ou si l'on s'est formé sur le tas. On sait aussi qu'il est très difficile d'intégrer certains secteurs d'activité – comme la pharmacie, le BTP, la Banque – si on vient d'ailleurs. Et chacun dans son secteur d'expliquer qu'il est soumis à des contraintes réglementaires et des spécificités de fonctionnement (comme s'il était impossible de s'y former lorsque l'on n'est pas issu du sérail).

Si vous devez faire face un tel type de décalage, c'est essentiellement votre conviction (ou votre réseau relationnel) qui fera pencher la balance en votre faveur. Sinon, la raison veut que vous réétudiiez vos cibles : reportez-vous au modèle du ***Trèfle Gagnant*** (chapitre 2).

b. Les cas de décalages

Nous venons de l'observer, les points de blocage sont toujours la conséquence d'un *décalage* entre la candidature et les attentes de l'entreprise. Mais les décalages ont aussi, et surtout, une dimension positive : dans une évolution professionnelle, une nouvelle prise de fonction ou de responsabilité, il y a *toujours* un décalage. Trouver un nouvel emploi, prendre une nouvelle fonction, c'est toujours *changer*.

LES CHANGEMENTS DE SITUATION PROFESSIONNELLE PEUVENT PRENDRE 6 FORMES :

1 – J'exerce le même métier, la même fonction mais dans un secteur d'activité différent : au-delà des similitudes, votre métier, votre fonction, ne se pratiquent pas de la même manière. Le contrôle de gestion dans le BTP diffère du contrôle de gestion dans l'industrie automobile ou dans la grande distribution. La finalité est la même, la formation de base requise est la même, mais les règles internes sont spécifiques. Autre exemple : la vente de services aux entreprises est très différente de la vente de produits alimentaires grand public.

2 – Je reste dans ma fonction et dans mon secteur d'activité, mais je change d'entreprise : cela signifiera de toute façon pratiquer votre fonction de manière différente (même si le métier est aussi identifié que le métier de comptable par exemple) : les interlocuteurs, les circuits d'information, les moyens mis à disposition, les attentes, ne sont pas les mêmes. A fortiori pour des fonctions plus

changeantes comme les fonctions commerciales, voire des fonctions où l'emprise personnelle peut être forte, comme la gestion de production.

3 – Je reste dans mon secteur d'activité mais je change de fonction : cela se fait lorsque la connaissance du secteur, du process ou du produit constitue un atout majeur pour la pratique du métier. Ainsi, on souhaitera passer du commercial au marketing, des méthodes à la gestion de production, des achats à la logistique. Dans les cursus positifs de carrières, ces changements de fonctions s'accompagnent aussi d'accroissement des responsabilités.

4 – J'assure de plus hautes responsabilités dans le même secteur d'activité (ou la même entreprise) : c'est ce que beaucoup souhaitent. Mais cela ne signifie pas faire, avec un « grade » supérieur, ce qu'on faisait déjà (illusion nourrie par de nombreux techniciens ou employés, par exemple, qui pensent pouvoir « passer chef » car ils ont été amenés à suppléer le chef pendant ses absences) : cela signifie intégrer une dimension nouvelle, et surtout d'autres données par rapport à sa fonction actuelle : données d'organisation, de gestion, de négociation, de commerce, de management.

5 – J'accède à des responsabilités plus importantes dans un secteur d'activité différent : ce qui compte alors, ce sont les compétences personnelles en management, organisation, prise de décision. C'est souvent ce qu'on observe dans les nominations des grands dirigeants, mais pas seulement. Cela se rencontre aussi chez les cadres qui débutent par le consulting avant d'intégrer l'entreprise,

ou chez des cadres de direction de petites entités qui ont évolué vers des structures plus importantes.[1]

6 – Je change (radicalement) de fonction, de métier, de secteur d'activité. Ce que déconseillent la plupart du temps, les « coachs » de carrière : il est difficile dans ce cas d'évoluer en responsabilités. Ou alors, ce changement répond à une volonté de reconversion. Pourquoi pas ? À condition d'y avoir mûrement réfléchi et de se garder des coups de tête. Une reconversion n'est pas chose facile, surtout elle remet en cause ses acquis principaux. En revanche, elle peut être porteuse de réussite : ces « aventures » où l'on s'engage dans une nouvelle activité avec des gens que l'on connaît (et où on part sur un capital confiance).

- Dans les cas 1 et 2, on capitalise sur la **compétence métier.**
- Dans les cas 3 et 4, on capitalise sur la **connaissance du secteur.**
- Dans les cas 5 et 6, on capitalise sur le **potentiel personnel.**

Conclusion : les décalages, quand ils ne constituent pas des impossibilités, sont les instruments de votre projection, les espaces dans lesquels vont jouer votre potentiel et votre créativité. **Toute évolution est la résultante d'un décalage : progresser, c'est faire demain ce qu'on ne savait pas faire hier.**

1. Partant de cette idée que le management est un vrai métier à part entière, le cabinet Leroy Consultant propose des prestations de formation et de coaching sous le titre générique de « Professionalisation des managers ».

B. TROUVER LE BON POSITIONNEMENT

a. Être au clair sur ses possibilités

Pour trouver ce bon positionnement, Il convient, en premier lieu, d'être au clair sur ses compétences et ses possibilités. C'est l'un des enjeux principaux du Bilan de Compétences – et du Bilan Dynamique d'Évolution – que vous avez effectué (chapitre 3). Mais, jusque-là, vous êtes en terrain connu puisqu'il s'agissait de ce que vous avez *déjà* réalisé. Il s'agit maintenant d'aborder *ce que vous n'avez pas encore fait.*

La conviction s'organise sur 3 niveaux :

1 – Savoir ce que l'on veut : Vous serez en mesure de changer, d'évoluer, de progresser, si vous *savez ce que vous voulez.* Tant que vous êtes hésitant, incertain sur la fonction que vous voulez occuper, les niveaux de responsabilité que vous voulez tenir, non seulement vous manquez de conviction mais, surtout, vous ne parvenez pas à trouver « la bonne annonce » dans la presse, « le bon créneau » dans l'entreprise. Si vous êtes encore hésitant, il vous appartient – c'est essentiel – de vous *déterminer.*

2 – Le Vouloir : Vouloir ce qu'on veut... non, ce n'est pas un pléonasme. Pour convaincre, pour réussir, il faut *le vouloir* ! C'est-à-dire y travailler, se « blinder », ne pas se décourager dès la première déconvenue en entretien, surmonter les objections et les difficultés. **Toute réussite, scolaire, sportive, professionnelle, artistique, est le résultat d'un travail.**

3 – <u>En avoir envie</u> : La volonté et l'effort sont indispensables. Mais (sauf à être dans le besoin extrême ou la précarité) si cet effort ne doit être que contrainte, vous ne pourrez le soutenir très longtemps : c'est *l'envie* qui soutient l'effort, qui permet de trouver les ressources pour surmonter les obstacles. L'envie, c'est une autre façon d'exprimer l'idée de sa projection vers un objectif. Et à l'envie s'attache une dimension importante, souvent liée à la réussite : *le plaisir*. Le plaisir ce peut être simplement faire quelque chose qui plaît. Mais le plaisir peut aussi être lié à une dimension plus fondamentale de notre personnalité, à la satisfaction de notre *ego (réalisation personnelle, ambition, donner du sens à ce qu'on fait)*.

4 – Ces trois niveaux sont indissociables. Un seul ne suffit pas. Et l'aphorisme qui dit : *« Si on veut on peut »* est absurde car il ne tient pas compte du principe de réalité. **Le « slogan » de la réussite serait plutôt : *« Si on peut, on veut »*.**

b. Transformer les acquis en atouts

C'est sur vos acquis professionnels et votre expérience que vous allez vous baser pour évoluer ou changer de fonction. Mais il s'agit maintenant de **penser au présent.** En effet, ne considérer vos acquis, votre expérience professionnelle que par référence au passé ou à un contexte d'entreprise, ne vous permet pas de combler le décalage qui existe entre votre expérience et la fonction future ; entre votre ancienne entreprise et celle où vous postulez.

Comment alors penser et présenter au présent, son expérience (passée par définition) ? Prenons deux cas :

un responsable de magasin, un responsable régional des ventes. Le premier peut, par exemple, se présenter ainsi : « *J'ai assuré des responsabilités de management d'un magasin de pièces détachées, donc* ***je sais*** *: gérer un planning, gérer des flux d'entrée et de sortie, relancer les fournisseurs, organiser le travail et encadrer des équipes en horaires décalés, utiliser un ERP, etc.* ». Pour l'autre, ce pourra être : « *J'étais responsable régional des ventes, donc* ***je sais*** *vendre, négocier avec les grands comptes, mettre en œuvre des campagnes promotionnelles, recruter, former et animer des force de vente, gérer un budget, assurer CA et marge, etc.* »

Vous présentant ainsi, vous n'êtes plus en train de justifier votre parcours professionnel mais de devenir *force de proposition*. Et vos acquis d'expérience deviennent des *atouts* pour une possible évolution : responsable logistique pour notre responsable de magasin ; directeur national des ventes pour notre responsable régional. Ces acquis d'expérience deviennent également des atouts en faveur d'un changement de fonction, d'une évolution vers une entreprise au contexte différent, car ils ne sont pas exclusifs de la fonction ou du secteur précédent mais perçus comme *transposables*.

Présenter ainsi ses atouts, ce n'est pas « se vendre », se vanter, se faire « mousser » comme on pourrait le croire. C'est, très concrètement, ***projeter*** ses savoir-faire dans le sens des objectifs du nouveau poste, des attentes et des perspectives de la nouvelle entreprise.

C. *Comment s'y prendre*

En interne, lorsque l'entreprise vous propose une évolution (changement de fonction, responsabilité nouvelle), elle *crée un décalage*. Vos patrons ont fait l'analyse de vos acquis et de vos possibilités (leurs arguments pour vous confier cette évolution sont la résultante de ce que vous avez montré sur le terrain), et en ont déduit que vous possédez *les atouts* pour réussir cette évolution.

Vos patrons vous *voient* dans le nouveau poste, ils imaginent pour vous. À vous de concrétiser. Ce qui n'est pas si facile, comme l'écrivent Huguette Dora et Gilbert Millet[1] : « *(se déclenche chez le promu) une certaine inquiétude : comment va-t-il être accueilli, pourra-t-il* « s'imposer », *est-il suffisamment compétent dans certains domaines dont il n'a pas encore l'expérience réelle ? (...) Assumer un* « statut nouveau », *et surtout un* « rôle nouveau » *est difficile.* »

Lors d'une évolution interne, vous êtes dans un cadre de référence que vous connaissez : une promotion est rarement une surprise totale et, encore une fois, elle est la résultante d'une appréciation de vos capacités par des hiérarchiques ou des pairs en qui, à priori, vous faites confiance. Mais lorsque c'est *vous* qui postulez, c'est à *vous* d'argumenter – en interne aussi bien qu'en externe. Vous ne bénéficiez pas d'emblée de cette marque de confiance qui est à l'origine de la promotion. Comment trouver la bonne adéquation, le bon positionnement ? De surcroît, il n'est pas toujours facile de détecter la vraie configuration

1. Huguette Dora, Gilbert Millet : « Comment mener un entretien individuel ». Dunod, 1975.

des postes à pourvoir, ni de se faire une idée précise des niveaux de compétences requis (technique, commercial, management, gestion).

Les candidats observent régulièrement ce phénomène en début de recherche d'emploi : ils ont beau explorer les offres, ils ne *trouvent plus* les fonctions en adéquation avec leur profil. En fait, **ils ne commenceront à trouver les « bonnes annonces » que lorsqu'ils seront en mesure d'exprimer leurs acquis professionnels *au présent* et qu'ils pourront *les mettre en perspective* avec les besoins exprimés par les entreprises.**

Ensuite, il faut trouver *le bon* ***dimensionnement*** *par rapport au poste proposé ou visé* : tantôt on est jugé surdimensionné, tantôt sous-dimensionné. C'est qu'il n'est pas évident de l'apprécier à priori. À fonction équivalente, les niveaux exigés et réels peuvent varier beaucoup d'une entreprise à l'autre. Réfléchissez-y : votre niveau de poste dans votre entreprise (actuelle ou précédente) n'est peut-être pas en phase avec le marché (que vous soyez sur ou sous qualifié). Ce n'est qu'en allant sur le terrain que vous pourrez vous « étalonner ». Sachez-le : ces aller-retour peuvent parfois avoir quelque chose de désespérant ; on finit par penser qu'on a un statut « bâtard » ; mais au final, ces démarches sont nécessaires, sinon indispensables, pour vous permettre de vous ajuster à la demande et de mieux « calibrer » votre offre.

Nous nous situons là dans une démarche similaire à toute démarche professionnelle de conduite de projet :

- Phase 1 : Définition du projet en tenant compte des moyens dont on dispose.

- Phase 2 : Essais sur le terrain et ajustements pour gagner en efficacité.
- Phase 3 : Montée en puissance, réalisation.

C. LA COMMUNICATION PROJECTIVE

a. Transformer les *décalages* en *objectifs*

1 – Voilà un constat fréquent : vous répondez à une offre d'emploi parce que vous maîtrisez toutes les caractéristiques techniques du poste proposé. Un poste qui vous convient parfaitement et qui vous intéresse. En retour, vous recevez une réponse négative qui vous paraît incompréhensible, injustifiée. Certes, vous pouvez toujours vous insurger contre ce qui vous paraît être une injustice, une fatalité liée au statut de demandeur d'emploi dans une conjoncture où la concurrence est rude… **C'est qu'il ne suffit pas de penser : « *cette offre m'intéresse, elle est faite pour moi* »,** pour que les choses aillent dans le sens où vous le souhaitez. Que l'offre vous intéresse – et vous n'êtes sûrement pas le seul – est le point de départ, mais ce n'est que le point de départ. Vous devez donc vous questionner : « *En quoi* – moi – *puis-je intéresser l'entreprise ; que puis-je apporter ? Qui me donnera la préférence ?* » On est souvent frappé, lorsqu'on fait du conseil en outplacement, de voir à quel point les candidats envoient invariablement des lettres standards et des CV qui n'ont pas été adaptés au profil du poste *et qui ne répondent pas* à ce qui est demandé dans l'offre, pensant simplement que cela allait de soi…

2 – L'analyse des offres auxquelles vous souhaitez répondre fait presque toujours apparaître un *décalage :* soit, comme on l'a déjà observé, vous maîtrisez tous les aspects du poste et l'on vous répond que vous êtes sur-dimensionné ; soit il y a dans l'offre une dimension que vous ne possédez pas (de commercial, de management, sectorielle...) et sur laquelle, bien sûr, vous n'avez pas d'expérience, donc pas d'argument à apporter, sauf à constater cette lacune.

Or, si on pousse l'analyse, on découvre que ce qui motive votre envie de répondre à cette offre c'est *justement* l'ouverture, la possibilité d'évolution, de progression qu'elle procure : vous occupiez un poste fonctionnel, voici une opportunité d'exercer enfin les responsabilités opérationnelles de management que vous visez. Vous risquiez d'entrer dans une impasse technique, voici la possibilité d'en sortir en vous ouvrant à des fonctions commerciales. Vous souhaitiez intégrer un secteur professionnel pour lequel vous vous sentiez des affinités, voici une offre qui vous permettra d'y faire valoir vos talents.

Que faire alors ? Surtout *ne pas communiquer en termes négatifs ou en termes de lacunes* mais **transformer les décalages en objectifs.** Ainsi, votre lettre pourra débuter par ce type de formule : *« Diriger un centre de profit correspond aujourd'hui à mon objectif professionnel. En effet, j'atteins à la maturité qui me permettra d'exploiter au mieux mes savoir-faire dans les domaines de (...) »* ou *« C'est l'ouverture à des responsabilités commerciales qui motive ma réponse à votre offre de (...) »* ou *« Mon objectif est d'intégrer (tel) secteur d'activité. Votre offre* *d'emploi arrive à point pour concrétiser cet objectif en m'appuyant sur mes réalisations dans (tels domaines...) »*

Souvent, les premières questions que posent un recruteur en entretien, sont : « *pourquoi avez-vous répondu à notre annonce ?* » ; « *Pour quelle raison avez-vous postulé dans notre entreprise ?* ». Vous y avez déjà réfléchi, votre réponse sera dans la même optique que votre lettre.

Cet intérêt que présente le ***décalage*** **comme potentiel évolutif** est exprimé par ce directeur d'une usine lorsqu'il embauche Pierre-Jean, précédemment chef d'atelier dans le dépannage d'engins de travaux publics, un peu inquiet devant le poste proposé qui concerne la maintenance des ponts roulants et des automates de production : *« Le secteur d'où vous venez m'intéresse,* dit le directeur. *Vous pourrez nous apporter une expérience complémentaire. »*

3 – On ne fait pas une candidature spontanée comme on lance une bouteille à la mer. On ne dit pas : « *Voici mon CV, voyez toujours ce que vous pouvez me proposer.* » La candidature spontanée et la réponse à une offre ont au moins un point commun : ce sont toutes deux des *candidatures*. Dans un cas (offre), l'entreprise a publié un besoin, dans l'autre non. Mais dans tous les cas, vous n'adressez pas une candidature, spontanée ou non, à une entreprise dans laquelle vous ne souhaitez pas travailler ou dont vous savez qu'elle n'offre aucune opportunité d'embauche dans vos compétences. ***Faire une candidature spontanée, c'est comme répondre à une offre potentielle.*** Les premières lignes de votre lettre auront pour objectif aussi de combler un décalage :

« Dans le cadre de votre redéploiement, sans doute aurez-vous besoin de renforcer votre secteur (...). C'est l'opportunité pour moi de vous apporter mon savoir-faire et mon potentiel dans ce domaine » ; « Le métier et les compétences que j'ai acquis me permettent d'être performant et porteur de développement dans votre secteur d'activité, où j'ai à cœur de m'investir... »

4 – Ce souhait, cette volonté de s'investir, c'est ce qu'attendent les recruteurs, comme le confie à l'hebdomadaire Courrier Cadres, Philippe Cirier, PDG du cabinet Opteaman[1] : *« Il faut faire en sorte que le recruteur ait envie de travailler avec vous. Votre CV décrit votre domaine de compétences, mais le futur employeur veut savoir ce qui est derrière ces lignes, ce qui fait la différence. Un bon moyen de parler de soi, c'est de décrire le poste dont on rêve. Parce qu'on en parlera forcément avec passion. Rien de pire que de donner l'impression de passivité »*.

Mais attention : Le « souhait », le « désir » ne suffisent pas. Écrire : « *Je souhaite accéder à des fonctions de manager* » est, par exemple, une formulation antinomique. On ne « *souhaite* » pas « prendre des fonctions de manager » : on les prend parce qu'on en a les compétences, la conviction et la force. On ne « *souhaite* » pas « prendre une direction commerciale » : on est en mesure de réaliser les objectifs demandés par l'entreprise. **Une formulation faible est la traduction d'une conviction faible.** Une formulation forte n'est pas une

1. in Courrier Cadres, 3 juillet 2003.

formulation surabondante en qualificatifs : elle est *simple* et se base sur des faits. En « rajouter » affaiblit toujours le message (C'est bien connu : dire « *Je t'aime* » est beaucoup plus fort – et engage plus – que dire *« Je t'aime beaucoup ».)*

Il ne s'agit pas non plus de vous surévaluer et de prétendre que vous allez accéder à des métiers ou à des niveaux de responsabilité hors de portée. Votre offre sera bien entendu soutenue et étayée par une argumentation réaliste et de solides points d'ancrage (les bases de votre bilan de compétences).

b. « L'appel d'offre »

Drôle de terme, quand on y réfléchit, que celui « *d'offre d'emploi* ». Terme fallacieux même : l'entreprise *n'offre* rien, sa finalité n'est pas de donner du travail, mais de produire ou d'assurer un service et de vendre. Pour cela, elle a besoin de bras, de compétences, de talents. D'une certaine manière, ce qu'on appelle « offre d'emploi » s'apparente d'avantage à un « *appel d'offre* » *:* l'entreprise a un besoin, une fonction à remplir, une mission à assurer, elle publie son besoin, ses objectifs et ses attentes ; les candidats, eux, *proposent leurs services* et présentent un dossier (le CV) qui sera mis à l'étude. L'entreprise convoque les « auteurs » des meilleurs dossiers afin qu'ils exposent leurs références et la manière dont ils vont remplir la mission et réaliser les objectifs.

Côté candidat, il ne s'agit donc pas de répondre simplement à une offre (« *Ça m'intéresse : oui – non* », « *Je sais faire : oui – non »)* mais bien au contraire de répondre à une *demande* et d'être *apporteur d'offre*. Dans cette perspective, l'acte de candidature s'apparente dans sa démarche à la *vente de conseil*. On peut donc le préparer en se référant aux principaux axes de réflexion qui permettent de construire les argumentaires de la vente de conseil :

- Quelle est ma légitimité (connaissance du secteur, connaissance des métiers, expertise technique) ?
- Quelle est ma connaissance du besoin de l'entreprise ?
- Qu'est-ce qui différencie mon offre de celle des concurrents ?
- Quelles sont les objections qui feraient que je ne serais pas retenu ?
- Le coût de l'intervention est-il rentable (C'est-à-dire : mes prétentions salariales sont-elles compatibles ?).

Il existe une différence fondamentale entre la vente de conseil, ou de service, et la vente d'un produit : le produit préexiste à la vente, le conseil est virtuel au moment de l'acte de vente. Dans le même ordre d'idée, dans un processus de recrutement on ne SE vend pas : cela signifierait que l'on est un produit fini. **Le candidat n'est pas un produit mais un *potentiel, une proposition de service.***

À cet égard, l'expérience de Lucy est tout à fait significative : responsable marketing chez un constructeur informatique, Lucy répond à une offre publiée par une entreprise du secteur paramédical. Elle met en avant l'apport méthodologique de son expérience au service d'une entreprise nouvelle qui cherche à structurer son développement. L'entreprise (anonyme dans l'offre) répond, par écrit, en présentant plus précisément son domaine d'activité et demande à la candidate : « *Nous aimerions savoir si, au vu de ces informations vous maintenez votre candidature, et dans l'affirmative quelles sont vos motivations. Comment pensez-vous pouvoir répondre à nos besoins et nos attentes, de quelle façon imaginez-vous votre intégration dans une équipe de cette taille ?* » Ce qui était demandé là était bel et bien un argumentaire – écrit – de proposition d'intervention.

C. La proposition interne – ou par réseau

Dans le cas d'une proposition interne comme dans celui d'une proposition qui vous est transmise par votre réseau (professionnel ou amical), vous agissez en terrain « préparé » sur lequel, à priori, vous ne rencontrez pas de concurrence. Il ne s'agit pas non plus d'une « offre » : dans ces deux cas, et toujours par analogie, on se trouve dans le contexte de la « demande d'intervention ». C'est parce que l'entreprise – ou votre contact – vous connaît, a pu apprécier vos qualités et votre savoir-faire, qu'elle (il) vous sollicite pour un nouveau poste, un nouveau job, une nouvelle mission.

Pour autant, ne partez pas de l'idée que le poste vous est acquis d'avance : on vous sollicite certes, mais si vous ne répondez pas concrètement à cette sollicitation autrement dit si vous ne pouvez rien apporter, la proposition risque fort de se limiter à un entretien sans suite. Face à une *demande d'intervention*, vous devez impérativement vous projeter dans le poste futur. C'est-à-dire, vous informer sur les besoins de l'entreprise, les objectifs et les enjeux du poste, les moyens mis à disposition pour réussir vos missions, etc. Ensuite, sur la base de cette pré-enquête, imaginer comment vous allez répondre aux enjeux et être capable de dire (au moins dans les grandes lignes) ce que vous pensez faire et de quelle manière vous comptez agir.

Cela est encore plus vrai lorsque vous avez affaire à votre réseau professionnel, c'est-à-dire à des interlocuteurs que vous avez sollicités parce que vous étiez en contact de service, ou de client – fournisseur, de complémentarité sur des chantiers ou projets, voire de concurrence. Les interlocuteurs qui vous répondent alors favorablement sont des personnes *qui savent ce dont vous êtes capable.* Geneviève, acheteuse dans les produits chimiques, n'ose pas contacter le directeur commercial d'un de ses principaux fournisseurs, bien qu'elle soit très intéressée par cette entreprise. Les rapports professionnels qu'ils entretiennent sont efficaces, mais très durs question affaires. Lorsque Geneviève se décide à contacter ce directeur commercial, il lui propose *immédiatement* un rendez-vous : de son côté également, il apprécie la rigueur et la fermeté de l'acheteuse et se montre ravi d'étudier une possibilité de collaboration avec elle. Rencontrer ces contacts professionnels, c'est bien s'informer de leur situation et être prêt, arguments concrets à l'appui, à répondre à une éventuelle « *demande d'intervention* ».

Frédéric est responsable SAV dans la bureautique. Un jour, il est convoqué à un entretien avec le directeur d'une entreprise qui était en contact avec sa société. Que demande d'emblée ce directeur à Frédéric, en le recevant : « *Alors, qu'allons-nous faire ensemble ?* ». ***« Heureusement, je m'étais préparé à me présenter en* « offreur de services »** confie Frédéric à son conseiller en outplacement, à son retour de l'entretien et il explique : « *J'ai demandé au patron qui me recevait quels étaient ses objectifs, mais aussi son mode de fonctionnement, les caractéristiques des machines qu'il distribuait, les particularités de sa clientèle, et, partant de là,* ***ce qu'il attendait de moi.*** »

Conclusion de la deuxième partie

« SE CONVAINCRE POUR CONVAINCRE »

Qu'il s'agisse de contrer une objection, d'argumenter, d'exposer vos compétences ou vos motivations, vous devez **convaincre.** Et vous ne pourrez le faire si vous ne savez pas de quoi vous parlez, si vous ne comprenez pas ce qu'attend et ce que veut l'entreprise. D'où l'importance de vous en informer. On ne peut pas convaincre non plus, si l 'on n'est pas au clair sur ses propres compétences et capacités. On ne peut pas convaincre enfin – c'est très important – si on doute de l'entreprise ou de sa propre adéquation par rapport à la fonction proposée. Répondre positivement à ces 3 points de conviction, c'est déjà se convaincre soi-même : ***« Je sais, je peux, j'ai envie ».***

C'est sur la base de votre propre conviction que vous trouverez les ressources utiles pour éviter les écueils et emporter l'adhésion. Dans le cas contraire, vous serez déstabilisé dès la première objection – « *Oui, mais vous ne connaissez pas tel système...* » – et percevrez toutes les questions du recruteur comme autant de questions pièges (le plus souvent ce sont les candidats qui se piègent eux-mêmes par manque de confiance et de conviction).

Les notions d'*envie,* de *plaisir* et de *créativité* viennent renforcer très sérieusement votre conviction. Elles sont même essentielles : comment se convaincre et emporter l'adhésion si le but de nos efforts n'est pas, aussi, de nous faire plaisir, de nous permettre d'évoluer, de satisfaire notre ego ?

Un responsable d'entreprise décrit ainsi son mode de recrutement : *« Je sors le candidat de son contexte technique, de ce qu'il a appris, pour découvrir et comprendre ce qu'il est capable de faire, de trouver, de créer. »*

De son côté, un candidat explique : *« Lorsqu'on me décrit un poste, j'essaie de comprendre ce qu'il contient ; ce que je serais capable de faire et si j'aurais plaisir à le faire. »*

Troisième partie

RÉUSSIR SON ÉVOLUTION

CHAPITRE 7

LA DYNAMIQUE DES ÉVOLUTIONS

« Aujourd'hui, on ne bosse plus comme hier. La carrière à vie, terminé ! Reste qu'il n'est pas toujours facile de se faire à l'idée que si vous ne bougez pas, on vous bougera un jour. Même si vous ne le voulez pas ! Autant s'y préparer ! »

A. LES RUPTURES

a. Les ruptures voulues

Il n'y a pas de mobilité sans rupture. Changer de service, de département, d'entreprise, sont des situations de rupture : vous allez travailler sur un autre produit ; dans un environnement, une structure, une organisation différents ;

les objectifs, la finalité, les enjeux de votre nouveau poste ne seront pas les mêmes.

Vouloir bouger, évoluer, décider d'une mobilité, c'est **provoquer ces ruptures.** Vous le faites quand vous savez que vous en avez les compétences (bilan), l'envie et la force, et que vous sentez que le moment est venu. Nous aborderons plus loin l'analyse des phases de réalisations professionnelles.

Provoquer ces ruptures, c'est aussi déployer une énergie dont les principales composantes sont la volonté, l'ambition, l'envie. C'est également se remettre en cause et, parfois, se faire peur : le stress est aussi une composante de l'énergie du changement. Dans ce cas, il n'est ni inhibiteur, ni source de dépression mais un élément moteur (s'il n'y a pas d'enjeux il n'y a pas de stress, et inversement). C'est le stress qui nous fait puiser dans nos ressources pour trouver de la force, des idées, une capacité accrue à acquérir des connaissances et des compétences nouvelles. Au total, c'est la combinaison de ces éléments : choix, volonté, envie, stress, qui fait que les réussites professionnelles, les réussites de carrière, sont *toujours* le fruit de remises en cause et de mobilités fonctionnelles.

À l'inverse, la non-réalisation des désirs et de la volonté de changement se traduit par de la déception et de la rancœur. Les conséquences en sont la démobilisation, la perte d'énergie (*« À quoi bon se décarcasser, chercher à faire plus... on n'est pas récompensé »,* entend-on dire par les cadres frustrés dans leurs désirs de progression). Le résultat en est un moindre engagement, l'installation dans un travail de moins en moins créatif, donc de moins en moins évolutif... Si la volonté, l'énergie du changement du cadre était forte, la non-satisfaction mènera alors à une rupture plus radicale : le départ de l'entreprise. Et l'investissement de l'énergie se fera dans une nouvelle structure, un nouveau projet professionnel.

b. Les ruptures non voulues

1 – *Les évolutions de l'entreprise* : On a beau ne pas vouloir bouger, rester dans son entreprise, dans son service, dans sa fonction, on n'est pas pour autant à l'abri de la rupture : tôt ou tard viendra un nouveau responsable, avec des méthodes de travail et des attentes différentes de celles de son prédécesseur. Tôt ou tard se mettra en place un nouveau mode de gestion, un nouveau système informatique, qui remettra en cause les anciennes manières de faire. Tôt ou tard, presque inévitablement, l'entreprise se réorganisera ou se restructurera.

Nous n'aimons guère ce qui nous est imposé : avec l'habitude nous avons trouvé notre confort, notre aisance, nos repères, donc notre *efficacité* dans un système que nous avons appris à connaître. Nous avons pu redéfinir le poste à notre mesure. Mais voilà qu'il va falloir se remettre à tâtonner, à perdre beaucoup de temps pour peut-être, au bout du compte, faire moins bien qu'avant ! Inévitablement, lorsqu'un nouveau mode de travail se met en place on se sent observé, « fliqué ». Et comme on a perdu beaucoup de ses repères, on a perdu du même coup beaucoup de degrés de liberté. Ce phénomène bien connu a été analysé et décrit par les psycho-sociologues sous le terme de *résistance au changement*. Reste que camper sur ses positions en renforçant les réflexes de résistance conduit toujours à des situations difficiles : la crispation n'a jamais facilité l'adaptation.

De leur côté, les responsables d'entreprise savent (ou devraient savoir) qu'un changement important entraînant inévitablement une rupture dans l'ancienne organisation ou dans les méthodes de travail, doit être bien préparé en amont et éviter ainsi ces phénomènes d'appréhension, de crispation et de résistance des équipes. L'information, l'implication des personnes dans les nouveaux process sont primordiaux (souvent il est fait appel à des cabinets de conseil en ressources humaines, légitimes dans ce rôle d'agents du changement car *détachés* des nostalgies et des à priori que peuvent nourrir les salariés en place). Un nouveau patron (directeur, chef de service), doit également préparer ses équipes à ce qu'il va mettre en place, il doit communiquer ses attentes. Dans le cas contraire, on observera très rapidement des phénomènes d'importants *turn-over* à l'arrivée du nouveau dirigeant. Notons toutefois que ce renouvellement des cadres à l'arrivée d'une nouvelle direction est parfois volontaire.

Pour rester et évoluer dans l'entreprise compte tenu des ruptures inévitables, il faut savoir faire preuve *d'adaptabilité*, cette qualité que beaucoup revendiquent – elle est très clairement recherchée dans les offres d'emploi. **Être « *adaptable* », ce n'est pas *subir* les changements.** C'est être capable d'intégrer rapidement les modalités et les enjeux de directives et de process nouveaux afin de retrouver les *degrés de liberté* qui permettent de ne pas travailler sous la contrainte et de pouvoir continuer à exprimer son potentiel.

2 – <u>*Le licenciement*</u> : C'est la rupture totale : la question d'une adaptation possible aux nouvelles modalités de l'entreprise ne se pose plus.

- ***Le deuil*** : Dans le processus psychologique du licenciement, on évoque souvent le concept de *deuil* et certains conseillers s'attachent à « faire le travail du deuil » avant d'entreprendre le travail de recherche d'une nouvelle orientation ou d'un nouvel emploi. De quoi s'agit-il ? Dans le processus du « deuil », on décrit des phases qui correspondent aux états psychologiques liés aux phénomènes de rupture : douleur, colère – état neutre (ou dépressif) qui se manifeste par la perte d'intérêt et de repères – reconstruction du moi.

  Certes, tout changement s'accepte, se réalise, selon certaines étapes psychologiques. A fortiori si ce changement est subi. Pour autant, est-il judicieux de parler de « deuil » ? Ce concept emprunté à la psychanalyse, a non seulement une connotation négative, mais il situe l'individu dans un état d'esprit de « perte irrémédiable », de regret, voire de culpabilité. De surcroît, il rattache au passé et renforce l'idée que l'on a quitté un âge d'or. Et puis, à dire vrai, que faire face à une décision de réduction d'effectifs ou de fermeture de site ? En psychanalyse, on a peut-être le temps de « s'approprier les phases du deuil », en recherche d'emploi, non.

Il nous paraît important, au contraire, de se projeter dans un état d'esprit constructif, tourné vers l'avenir, et de s'approprier non pas le « deuil », mais son évolution professionnelle et personnelle. Il ne s'agit pas de culpabiliser, mais de **capitaliser**. Il ne sert à rien de se dire : *« J'aurais dû faire ça »*, mais *« Voilà ce que j'ai réalisé »*. En s'appuyant sur ce qu'on a fait et ce qu'on a réussi.

Pour autant, ne sous-estimons pas le caractère angoissant du licenciement dans un contexte économique où l'on sait bien que retrouver un emploi est difficile. Mais justement : une chute est d'autant plus douloureuse que l'on s'est raidi dans une attitude de refus. Et l'on éprouve alors encore plus de difficulté à se relever pour repartir.

- ***La perte d'identité*** : autre phénomène psychologique lié au licenciement : la *perte d'identité*. À être resté longtemps dans une entreprise, s'y être engagé, y avoir pris des responsabilités, certains finissent par « endosser » la personnalité de l'entreprise. Ce qui permet parfois de se sentir plus fort lorsqu'on se présente : les cadres de certaines entreprises prestigieuses, à la culture et à la personnalité fortes, ont tellement pris l'habitude d'accoler leur nom à celui de leur entreprise lorsqu'ils se présentent professionnellement, qu'ils continuent de le faire même dans le privé. À ce stade, le cadre qui a quitté son entreprise à l'impression d'être « privé d'une partie de son identité » : en perdant le nom de l'entreprise, il perd ce qui constituait une carapace. Soudain, il se sent très vulnérable.

C'est alors, qu'au lieu de se laisser aller à des réactions dépressives, il doit au contraire prendre conscience que sa force, son savoir-faire, tout ce qui constitue son intérêt vis-à-vis des autres, n'était pas le seul fait de l'entreprise, mais de son potentiel personnel. Ce n'est pas de perte d'identité qu'il s'agit, mais bien au contraire du renforcement de sa propre personnalité. Tel est le cas de Thierry, 46 ans, ingénieur responsable de bureau d'études, qui a traversé une période dépressive à la suite de son licenciement, par sentiment de « perte d'identité ». Une fois pris conscience que son identité était plus forte lorsqu'elle était autonome, Thierry a pu réaliser l'un de ses vieux souhaits qu'il n'avait jamais pu réaliser jusque-là : passionné d'automobile, cet ingénieur a pu saisir l'opportunité d'une reprise d'un garage en Dordogne, sa région d'origine. Et découvrir une autre vie, non seulement par son retour en province, mais aussi par l'autonomie qu'il a acquise. Certes, au prix du stress de la prise de risque, mais de loin préférable à la dépression ! (le sujet de la création de sa propre activité sera développé dans le chapitre suivant).

- ***Les sentiments négatifs*** : il est évident que dans les situations de ruptures subies, licenciement en particulier, vous éprouvez des sentiments *négatifs* : angoisse, colère, haine, injustice. Et l'on peut toujours vous conseiller de « positiver » : vous ne ferez croire à personne que votre licenciement vous fait plaisir et que vous êtes ravi de la chance qui vous est offerte de « relever de nouveaux challenges » (ce qui peut être vrai dans certains cas malgré tout, nous en parlerons au paragraphe suivant). Mais ces sentiments négatifs sont des sentiments **forts.** Aussi, plutôt que de les retourner contre vous – dans le « travail du deuil » –, utilisez leur énergie ! Transformez-les en éléments moteurs de votre volonté de revanche ou de réalisation.

Lucy ne parvenait pas à « faire le deuil » de son entreprise. Jusqu'au jour où un nouveau consultant lui demande ce qu'elle éprouvait vraiment :

– *« De la colère. Je leur en veux,* répond-t-elle.

– *Pourquoi ?*

– *Parce qu'ils m'ont licenciée sans m'avoir permis de réaliser et d'apporter tout ce que j'aurais pu.*

– *Que voulez-vous aujourd'hui ?*

– *Pouvoir apporter vraiment ce que j'ai et me réaliser… Ce serait une belle revanche… pas vis-à-vis d'eux, je me rends compte que, finalement, je m'en fiche. Mais pour moi. »*

Lucy avait retourné son énergie dans le sens de sa projection dans le futur.

Dans un livre courageux et tonique sur le sujet, Mélusine Harlé écrit : « Ce rebond jusqu'à l'emploi (…) vous a ouvert de nouvelles perspectives. Peut-être y avez-vous gagné en confiance en vous, avez-vous acquis de nouvelles méthodes de persuasion, défini de nouvelles priorités de vie et de travail… »[1]

1. Mélusine Harlé ; « Licenciement, côté Psy ». Éditions d'organisation, 2003.

B. LES PHASES DES ÉVOLUTIONS

a. Les cycles d'activités

La vie professionnelle, comme toute activité, comporte ses cycles. C'est vrai des entreprises, des métiers, des personnes. Ainsi, les industries de process (sidérurgie, verrerie), les grands travaux (constructions d'autoroutes, de métros, de viaducs), sont des activités à cycle long : il faut beaucoup de temps pour acquérir le métier, les mises en œuvre sont très longues et très coûteuses, elles peuvent nécessiter un suivi de longue durée. À l'inverse, certaines activités requièrent une mise en œuvre très rapide et des renouvellements fréquents : c'est le cas, en particulier, des activités liées aux technologies de l'information (Internet entre autres). Il en va de même des métiers dont certains s'inscrivent dans la durée (comptabilité, logistique, gestion de production) alors que d'autres sont sujets à renouvellements rapides (développements technologiques, marketing, lancement de nouveaux produits).

Votre activité professionnelle se vit selon des cycles qui varient en fonction de votre métier, de votre âge, de votre tempérament, de votre environnement. Ces cycles se superposent à ceux de l'entreprise. Dans le meilleur des cas, vous êtes en phase. Exemples : vous êtes quelqu'un de très stable, la responsabilité comptable d'une grande entreprise vous permet de vous épanouir. Vous êtes un homme de « coups » et c'est avec plaisir et réussite que vous assurez des lancements de produits différents, dans des entreprises différentes.

Dans d'autres cas, en revanche, vous n'êtes pas en phase. Exemple : entré comme ingénieur dans un laboratoire de recherche, vous estimez que les résultats de vos travaux ne se concrétisent pas assez rapidement. Vous cherchez alors à vous diriger vers le commercial, une activité qui vous paraît plus dynamique. Autre exemple : contrôleur de gestion, vous cherchez la sécurité sur le long terme, alors que vous venez d'entrer par opportunité dans une « start-up » éphémère...

Selon l'âge, les cycles n'auront pas la même durée ni la même fréquence. En début de carrière, on peut changer d'entreprise, passer d'une activité à une autre. C'est même un conseil que prodiguent les grandes écoles : rester un an et demi dans le premier poste qui est celui de l'apprentissage du métier, trois ans dans le second pour se frotter aux premières responsabilités, puis capitaliser sur ces deux expériences pour se positionner à un échelon de responsabilité supérieure au bout de 5 à 7 années.

Avec l'âge, les cycles s'allongent : lorsque vous êtes appelé à exercer de plus hautes responsabilités ou possédez une expertise supérieure, vous devez vous investir, en travail, de manière encore plus importante. De son côté, votre entreprise investit financièrement et vous ouvre des perspectives de développement. Vous risquez donc de passer pour instable et/ou de ne pas être crédible si vous ne cessez de changer. (Voir chapitre 5 : les blocages particuliers).

b. Les phases de réalisation personnelle

Lorsque vous entrez dans une nouvelle fonction, ou que vous intégrez une nouvelle entreprise, vous savez que vous allez devoir vous « mettre au courant », vous familiariser avec l'environnement, avant de « monter en puissance ». Pour parvenir à sa pleine réalisation personnelle, on traverse généralement cinq phases :

1 – **La découverte** du nouvel environnement, de la nouvelle direction, des nouveaux collègues, des nouveaux interlocuteurs internes et externes, des nouveaux outils, des nouvelles procédures, etc. C'est tout aussi vrai lorsqu'on change de service au sein de la même entreprise.

2 – **L'apprentissage** : il s'agit d'acquérir la maîtrise des outils et procédures. Il peut s'agir d'un logiciel comme d'un mode de reporting ou de relations clients, ou encore d'un style de communication avec ses équipes.

3 – **La maturation**, période pendant laquelle vous trouvez vos marques, vos repères. Vous ne tâtonnez plus, vous « retrouvez vos sensations », comme disent les sportifs, vous vous sentez efficace, vous produisez, vous commencez à avoir des idées, à être créatif pour améliorer les process, gagner en efficacité (vous et votre service).

4 – **La pleine responsabilité.** Vous êtes mûr pour assumer pleinement les responsabilités pour lesquelles vous avez été engagé ou promu. Vous pouvez vous affirmer, vous montrer force de proposition, vous pouvez développer ce que vous avez commencé à mettre en place.

5 – Vous parvenez à **la réalisation** : vos projets aboutissent, l'activité que vous gérez est rentable, le service que vous dirigez tourne bien.

Bien entendu, les premières phases seront les plus courtes possibles. Pour autant, vous ne devez surtout pas les négliger : sur la base de ces premiers contacts avec les hommes et avec les outils de l'entreprise, va se construire la confiance qui permettra la réussite. La phase de « maturation », elle, pourra être de durée variable selon les métiers ou les secteurs, comme on l'a vu au paragraphe précédent.

Paradoxalement, l'entreprise attend des phases de découverte, d'apprentissage et de maturation plus courtes chez les cadres confirmés que chez les débutants : on sait qu'un jeune ingénieur doit être formé, alors que l'on attend d'un cadre confirmé qu'il soit en mesure d'être (presque) immédiatement opérationnel et responsable de son activité.

À quoi reconnaît-on l'aboutissement de la phase de réalisation ? Les signes en sont à la fois objectifs et subjectifs. Signes objectifs : vous avez développé une activité, mené à terme un nouveau projet, le service dont vous avez pris la tête tourne au mieux... il n'y a plus devant vous de nouveaux projets. Signes subjectifs : vous avez la sensation de ne plus rien développer ni créer, vous avez le sentiment « d'avoir fait le tour de votre fonction » et de « tourner en rond ».

Lorsque vous êtes dans cette situation, vous ressentez le besoin d'évoluer, de vous investir dans de « nouveaux challenges », de rebondir. Si vous avez su anticiper, vous avez commencé à poser des jalons, vous vous êtes informé, vous avez déjà noué des contacts. Vous avez profité de l'entretien annuel d'évaluation pour évoquer un besoin de nouvelles perspectives. Si vous êtes en phase avec l'entreprise, vous êtes dans une position favorable pour évoluer. Dans le cas contraire, c'est l'occasion de vous projeter à l'extérieur, profitant de la plénitude et de la confiance que vous donnent la réalisation et l'aboutissement de ce que vous avez entrepris.

Sous cet éclairage, que se passe-t-il lorsqu'il se produit une rupture dans votre entreprise : rachat, filialisation, plan social[1] ? Votre ressenti sera très différent selon que vous êtes parvenu à la réalisation-aboutissement de votre phase professionnelle ou non. Si la rupture intervient alors que vous commencez juste à maîtriser votre fonction et à en être responsable, les effets seront pénibles et négatifs : vous êtes en état d'insatisfaction, de frustration, de manque. La rancœur, le sentiment d'injustice vis-à-vis de l'entreprise, sont très vifs et il vous faut surmonter ce que vous percevez alors comme un échec avant de retrouver la confiance pour repartir.

Si la rupture de l'entreprise se produit alors que vous avez le sentiment d'être arrivé à un aboutissement, les effets seront tout différents. Ainsi peut-on entendre dire : *« J'avais fait le tour de ma fonction, la situation de l'entreprise était telle que je ne pouvais plus y évoluer, cela faisait un certain temps déjà que j'envisageais de partir, tout compte fait ce plan social arrive à point nommé. »* Ou encore observe-t-on la situation de ces personnes volontaires au départ qui *« profitent du plan social »* pour se développer ailleurs.

1. Les dénominations officielles changent, mais « plan social » est désormais un terme consacré par l'usage.

C. Les pauses

Week-end et congés, qui font partie de l'année de travail, sont des temps de pause nécessaires à toute activité. Les respecter est une question d'organisation et de définition des priorités. Ce sont des temps de pause indispensables si l'on veut éviter d'être épuisé par le stress des responsabilités importantes. Cité par la revue « Management »[1], Armand de Villoutreys, pdg de Firmenich France (parfums), affirme par exemple : « *Je n'emporte pas de dossiers chez moi, je ne travaille pas le week-end* ». Il conseille même de ne jamais sacrifier ses vacances.

Sur de longues périodes d'activité professionnelle, il arrive parfois qu'une pause s'impose (ne parlons pas de *break*, cet affreux anglicisme qui signifie « rupture », « cassure ». Pourquoi ne pas employer ce verbe malheureusement oublié : se récréer ?). Les pauses peuvent être subies : la période de flottement, de bilan personnel, de réorientation suite à un licenciement. Elles peuvent être choisies : formation, congé sabbatique, congé parental. Dans tous les cas, qu'il s'agisse de « digérer » une déconvenue, de faire le point sur soi, ses valeurs, ses aspirations, de se préparer afin de « faire quelque chose d'autre » ou de se consacrer à ses enfants, les pauses, pour être bénéfiques, doivent être assumées, gérées, organisées, et leur issue préparée.

1 – *Les pauses non voulues* : il arrive souvent que suite à un licenciement on ait envie de faire une pause, de se

1. Cité dans le dossier « Réussir sans s'épuiser ». Management. Septembre 2002.

récréer, avant même d'entreprendre un bilan et de se remettre dans une recherche d'emploi. Il arrive souvent aussi qu'on ne le fasse pas, parce que la pression sociale nous met dans l'angoisse et nous culpabilise. Que se passe-t-il alors ? On ne mène pas une recherche efficace parce qu'au fond de soi, on n'en a pas envie. Cherchant mal on engendre des échecs qui ne font que renforcer l'angoisse, et on s'épuise.

Ressourcez-vous le temps qu'il faut : l'envie vous reviendra et vous serez mieux à même de définir des objectifs et d'attaquer le marché de l'emploi. Michel a écrit son premier roman (en 12 jours, il écrit vite !) au lendemain d'un licenciement : il était mûr pour l'écrire, il en a ressenti l'impérieux besoin. Le temps de l'écriture, aidé par sa femme, il s'est isolé pour éviter les questions incrédules et angoissées de sa famille. C'est avec la satisfaction d'avoir accompli quelque chose de bien à lui qu'il s'est attelé à sa recherche d'emploi. Il a retrouvé dans sa spécialité un poste plus intéressant que le précédent et, surtout, plus porteur d'avenir. Et son roman a été publié !

2 – *Les pauses choisies* : au cours de votre vie professionnelle, vous traversez des périodes où vous ressentez le besoin, sinon la nécessité, de vous arrêter, de vous enrichir intellectuellement, d'ouvrir votre champ d'expérience.

- **Le congé formation.** Pause entre deux phases professionnelles ne veut pas forcément dire repos. Et le temps consacré à soi-même peut être celui d'un congé formation. Un congé souvent motivé par la prise de conscience de lacunes, d'un souhait de se « désenclaver » de son domaine d'activité pour s'ouvrir à d'autres, ou d'aller vers des domaines d'activités qui nous ont toujours attiré.

- Au moment de s'engager dans un congé formation, il faut toujours penser au retour : vous ne serez plus le même, vos aspirations auront changé. L'entreprise pourra-t-elle vous offrir la fonction ou le niveau de responsabilité auquel vous aspirez ? Votre évolution se fera-t-elle dans une autre entreprise ? On éprouve toujours un sentiment de gâchis devant ces cas où un collaborateur, au retour d'un congé formation, retrouve son ancien poste, au même statut, et y reste, l'entreprise n'ayant pas de poste correspondant au nouveau diplôme de son salarié.
- **Le congé sabbatique.** Créé par les universités américaines pour désigner une période destinée aux recherches personnelles, le congé sabbatique désigne aujourd'hui (loi du 3 janvier 1984) dans la culture française, la possibilité de s'absenter de l'entreprise pour une durée de 6 à 11 mois, la réintégration étant assurée au retour.

Quelques conseils : ne partez pas sur un coup de tête ou un coup de « ras-le-bol ». Si vous n'êtes pas bien dans votre job actuel, faites plutôt un bilan de compétences. Choisissez le congé sabbatique lorsque vous êtes en pleine forme et que vous voulez profiter de ces moments de force pour vivre une nouvelle expérience, découvrir de nouveaux horizons ou réaliser une œuvre personnelle (restaurer un vieux manoir, écrire un livre). Exposez très clairement vos motivations à votre employeur (qui ne comprendra pas toujours), ne partez pas sur des ambiguïtés ou des malentendus. Arnaud, consultant en ressources humaines, a ressenti le besoin très fort de vivre une aventure personnelle pour se confronter à lui-même et apprendre la vie en exerçant divers métiers loin de ceux auxquels sa formation le destine : 9 mois d'aventures au Canada. Une idée que son employeur a apprécié car elle s'inscrivait bien dans la culture de l'entreprise.

Comme pour tout congé, c'est le retour qui est le plus difficile. Vous venez de vivre une grande expérience, vous avez changé, vous pensez différemment. Et lorsque vous regagnez votre entreprise, retrouvez vos collègues installés aux mêmes bureaux, à faire les mêmes choses... L'entreprise veut bien vous reprendre (pas forcément au même poste, on vous y a remplacé, c'est normal), mais c'est vous qui n'avez plus envie d'y revenir, vous vous en êtes définitivement éloigné. Après tout, c'est bien pour changer quelque chose en vous que vous êtes parti.

En conclusion de ce chapitre voici un test qui va vous aider à vous situer dans votre évolution.

TEST

OÙ EN SUIS-JE DE MON ÉVOLUTION ?

Voici douze paires de phrases. Pour faire ce test, entourez, pour chaque paire de phrases, la lettre correspondant à la phrase qui vous paraît être la plus proche de votre réalité d'aujourd'hui. Faites ce choix même si les deux phrases vous paraissent très voisines, ou peu en rapport avec votre situation.

Les réponses sont données par la paire des lettres majoritaires dans la série ABCD et la série WXYZ. L'entrée dans le tableau de réponses se fait par la série ABCD.

QUESTIONS

1 • Je participe à des projets nouveaux. . . . . A
Ce que j'ai mis en place peut tourner sans moi . . . . B

2 • Le produit que nous développons est arrivé à maturité. . . . X
L'activité de mon entreprise se situe sur un marché durablement porteur . . . . Y

3 • J'ai fait le tour de ma fonction . . . . B
Ma fonction s'inscrit dans la durée C

4 • Les assises et l'ancienneté de mon entreprise lui assurent la pérennité. . . . . Y
La conjoncture actuelle n'est pas favorable. . . . . Z

5 • Je recherche la stabilité C
Je me demande si je ne régresse pas . . . . D

6 • Mon entreprise connaît actuellement un développement rapide. . . . . W
L'activité de mon entreprise se situe dans un process à cycle long. . . . . Y

7 • Je prends des responsabilités nouvelles . . . . A
Mes responsabilités s'inscrivent sur le long terme C

8 • Notre produit (marché) devrait être renouvelé X
L'avenir de mon entreprise paraît incertain. . . . . Z

9 • Je ne progresse plus . . . . B
Je ne perçois plus mes étapes de carrière. . . . . D

10 • Mon entreprise vient de gagner des parts de marché sur un nouveau produit (service). . . . . W
Je ne sais pas quelles sont les perspectives de mon entreprise. . . . . Z

11 • Je suis sur une activité qui démarre . . . . A
J'ai du mal à apprécier si j'évolue ou pas. . . . . B

12 • Mon entreprise lance de nouveaux produits (projets) . . . . . W
Mon entreprise ne renouvelle pas sa gamme. X

RÉPONSES

Vous avez une majorité de A :

Vous êtes au démarrage de nouveaux projets, vous prenez de nouvelles responsabilités...

AW : .... et vous travaillez dans une entreprise performante qui se développe. Bien sûr, vous allez y mettre toute votre énergie pour réussir.

Conseil : Levez la tête du guidon. Demandez-vous jusqu'où vous mènent vos nouveaux projets et comment envisager la suite : inscrire ces projets dans la durée ou rebondir vers d'autres « challenges » ? Cela tient au type d'entreprise et de marché dans lesquels vous êtes, mais aussi à vous et à votre tempérament.

AX : .... et votre entreprise arrive en fin de cycle, ne renouvelle pas sa gamme de produits ni son marché.

Conseil : Deux cas de figure : a) vous lancez des actions sans être certain de leur avenir : posez-vous la question de savoir s'il ne vaudrait pas mieux investir votre énergie dans des entreprises plus porteuses de projets d'avenir. b) vous savez que l'entreprise investit dans son redéploiement : ce n'est pas gagné, mais si vous comptez parmi ceux qui ont redressé la situation, l'avenir peut vous sourire.

AY : .... et l'activité de votre entreprise est basée sur le long terme (process industriel, investissements...).

<u>Conseil</u> : C'est un cas de figure favorable. Votre évolution repose essentiellement sur vous. Pour vous positionner, il est important que vous vous déterminiez sur cette question : « a) est-ce que j'assure seulement le lancement et la mise en œuvre des nouvelles responsabilités qui me sont confiées ? b) vais-je assurer la gestion dans le long terme de cette nouvelle activité ? »

AZ : .... et votre entreprise est dans une période d'incertitude quant à son devenir.

<u>Conseil</u> : Il est important de clarifier votre situation et la finalité de votre action avec vos responsables. Si les projets nouveaux qui vous sont confiés, votre action, s'inscrivent dans une perspective prévisible de redéploiement de l'entreprise, c'est peut-être un « challenge » à tenter. Si on ne peut pas vous clarifier les perspectives, vous risquez de vous investir pour rien... À vous d'y réfléchir.

■ Vous avez une majorité de B :

Vous arrivez en fin de cycle. Vos responsabilités ne se renouvellent pas...

BW : .... et votre entreprise lance de nouveaux projets, se développe sur de nouveaux produits, de nouveaux marchés.

<u>Conseil</u> : Même s'il est important de continuer à faire vivre votre activité, ne vous y enfermez pas, ne vous laissez pas

mettre sur la touche. Soyez informé des nouveaux projets, soyez présent, soyez prêt à prendre ce train qui démarre. Tout en continuant à valoriser vos responsabilités actuelles : pour être lancés, les nouveaux projets ont besoin de la stabilité de ceux qui ont fait leurs preuves.

BX : .... et votre entreprise arrive en fin de cycle, ne renouvelle pas sa gamme de produits ni son marché.

Conseil : Informez-vous : y a-t-il des projets ? Qu'est-ce qui se prépare ? Tenez-vous prêt à vous positionner sur les nouveaux développements. Et si rien ne se profile, anticipez : c'est peut-être le moment de rebondir ailleurs, avant vous enfoncer dans le marasme.

BY : .... et l'activité de votre entreprise est basée sur le long terme (process industriel, investissements...).

Conseil : Demandez-vous : quelles perspectives pour moi ? Posez-vous la question : « Mon profil est-il d'initialiser et mettre en place sur le court terme ? ». Si oui : « L'entreprise peut-elle me proposer de nouveaux « chantiers ? ». Ou bien : « Puis-je m'inscrire dans un travail de long terme, de type gestion plutôt que développement ? » Si oui, postulez en interne vers ce type de responsabilités.

BZ : .... et votre entreprise est dans une période d'incertitude quant à son devenir.

Conseil : Franchement, c'est sans doute le moment d'aller voir ailleurs. Prenez garde à ce confort né de l'habitude. Le plus grand risque est parfois de ne pas – plus – vouloir en prendre.

Vous avez une majorité de C :

Vous êtes engagé dans le long terme. Vous recherchez stabilité et pérennité...

CW : .... et votre entreprise est dans une phase de démarrage. Elle lance de nouveaux projets, se développe sur de nouveaux produits, nouveaux marchés.

Conseil : C'est toujours bien d'être associé au démarrage de nouveaux développements. Mais cela peut aussi être risqué. Si vous êtes vraiment attaché à la stabilité, assurez-vous de la durabilité de l'entreprise et de ses produits (surtout si c'est pour l'intégrer).

CX : .... et votre entreprise arrive en fin de cycle, ne renouvelle pas sa gamme de produits ni son marché.

Conseil : Attention ! des opérations de réorganisations, restructurations, peuvent mettre en péril votre installation dans le long terme. Ne vous laissez pas enfermer dans des fonctions « d'arrière-garde » ou dans des fonctions support non productives. Recherchez quelles sont les perspectives actuelles de l'entreprise pour vous positionner sur les créneaux porteurs... ou pour vous préparer à regarder à l'extérieur.

CY : .... et l'activité de votre entreprise est basée sur le long terme (process industriel, investissements...).

Conseil : Situation à priori confortable, qui permet d'investir et de prévoir sereinement l'avenir. Mais attention : rien n'est jamais définitivement acquis. Restez attentif aux évolutions de l'entreprise et veillez à ne pas vous laisser enfermer dans un placard doré. Assurer son avenir, c'est aussi prendre le risque de se remettre régulièrement en question.

CZ : .... et votre entreprise est dans une période d'incertitude quant à son devenir.

Conseil : Attention ! N'escomptez pas de pérennité de l'emploi d'une entreprise qui, elle-même, risque de ne pas être pérenne ! Ouvrez les yeux, ne vous mettez pas dans la situation de ceux qui subissent les plans sociaux sans comprendre...

Vous avez une majorité de D :

Vous êtes dans l'incertitude, vous n'arrivez plus à situer votre évolution professionnelle...

DW : .... et votre entreprise lance de nouveaux projets, se développe sur de nouveaux produits, nouveaux marchés.

Conseil : Vous êtes dans l'incertitude... mais, en l'occurrence, l'entreprise répond pour vous : elle a des projets. Inscrivez-vous y ! Ou alors, le problème est ailleurs : relationnel, éthique...

DX : .... et votre entreprise arrive en fin de cycle, ne renouvelle pas sa gamme de produits ni son marché.

Conseil : Peut-être êtes-vous dans l'incertitude parce que vous ne voulez pas admettre que vous êtes *aussi* en fin de cycle. Alors ? Prenez-vous en main, remettez-vous en question, faites des propositions en interne... et explorez de nouvelles pistes à l'extérieur !

DY : .... et l'activité de votre entreprise est basée sur le long terme (process industriel, investissements...).

Conseil : Que s'est-il passé ? À vous être mis vous-même dans le long terme, vous avez fini par perdre vos repères. C'est bien d'en prendre conscience. Donc, remettez-vous en question, inscrivez-vous dans de nouvelles activités, de nouvelles responsabilités.

DZ : .... et votre entreprise est dans une période d'incertitude quant à son devenir.

Conseil : Face à l'incertitude, rien ne vaut l'action. N'attendez pas de vous engluer dans des états d'âme précurseurs de dépression. Bougez-vous, allez voir à l'extérieur !

CHAPITRE 8

LA VOIE DE L'INDÉPENDANCE

« Je me dis souvent que la seule manière de progresser et d'être pleinement satisfait c'est, pour moi, de créer mon entreprise, mon activité... En tous les cas, sortir des voies classiques du travail. Reste à savoir si j'en ai la personnalité et les moyens... »

A. LES MOTIVATIONS

Il peut y avoir vie professionnelle ailleurs et autrement que dans le seul statut de salarié d'une entreprise. De fait, on peut être travailleur indépendant, avoir créé son propre emploi, sa propre entreprise[1]. Certains, plus que d'autres, sont des « entrepreneurs nés » et ont toujours été leur propre patron. Ce n'est sans doute pas votre cas puisque vous lisez ce livre. Pourtant, il vous arrive parfois de penser à l'entreprenariat. C'est, en tout cas, une question qui se pose avec plus d'acuité à certaines périodes de la vie professionnelle :

- Lorsqu'on arrive en fin de phase de réalisation et que l'on est porté par l'élan que donne la réussite – ou la rage de voir que ses efforts n'ont pas été récompensés.
- Lorsqu'il y a rupture (plan social, licenciement) et que l'on voit là un moyen de rebondir ou de se sortir d'une situation difficile.

Le réflexe est fréquent dans les périodes difficiles : « *S'être investi pendant tant d'années dans l'entreprise pour en arriver là... autant travailler pour moi !* » disent certains cadres dépités. Ou encore : *« Les entreprises n'embauchent pas des cadres de mon âge, il vaut mieux que je me mette à mon compte. »* Attention cependant : comme l'écrit Mélusine Harlé[2] « créer son entreprise n'est pas toujours le réflexe gagnant (...) on ne compte plus les apprentis créateurs qui ont pu vérifier que la création d'entreprise n'est pas la panacée contre le chômage. »

1. Pour en savoir plus sur les multiples aspects concrets de la création d'entreprise lire :
 – « Itinéraires de chômeur créateur d'entreprise » par Anne-Lise Aucouturier. La Documentation française. 1996.
 – « Créer son activité en solo » par Véronique Chambaud. Dunod.
 – La revue Management a publié en juillet 2003 un excellent dossier de synthèse sur les différentes formes juridiques, les régimes fiscaux, etc. : « Créer sa boite en solo ».
2. Mélusine Harlé : « Licenciement, côté psy ». Op. cité.

Dans tous les cas, il est extrêmement important d'identifier les raisons qui vous poussent à travailler en indépendant. Une chose est sûre : si le recours à la création d'entreprise n'est qu'une solution par défaut, ce n'est pas la bonne motivation. Dans l'idée de créer une entreprise, c'est bien de **créer** qu'il s'agit, et non pas de suppléer un manque ou une difficulté.

Ici, la notion de « Projection Créative » trouve toute sa signification, tout son sens : salarié, on peut être porté par le projet de son entreprise. Créateur, on doit être l'initiateur et le porteur de ce projet, s'y investir totalement et résister au stress du financement et d'une rentabilité qui est loin d'être immédiate et... assurée.

B. LES FACTEURS DE RÉUSSITE

Créer son entreprise exige un investissement en temps et en énergie très important même si l'activité est une activité indépendante de conseil qui ne nécessite pas un financement énorme. Avant de se lancer, il faut non seulement avoir fait son plan de financement et son étude de marché, il faut aussi avoir déjà trouvé les premiers clients. Attention : il y a quelque illusion à penser qu'il sera plus simple de proposer ses services de qualiticien, de logisticien, d'expert en sécurité informatique, que de postuler à des emplois dans les entreprises. Nous avons vu dans les chapitres précédents que l'acte de candidature s'apparente à une offre de service. Ici, on est très exactement dans ce cas. Avec une difficulté supplémentaire : cette vente de service ne s'arrête pas lorsqu'on a trouvé une mission, elle est permanente.

Néanmoins, on a pu observer que se mettre dans la position d'un conseil indépendant a pu dynamiser les recherches d'emploi de cadres « englués » dans des actions classiques et stériles : cette démarche a eu le mérite de les mettre en situation de *projection créative,* de les inciter à être force de proposition, de présenter un argumentaire axé sur la résolution des problèmes de l'entreprise et non sur les problèmes du candidat.

Indispensables, l'étude de marché, le plan de financement, ne suffisent cependant pas à assurer le succès de l'entreprise. Cette dernière – l'activité – n'existera et n'aura de chances de perdurer, de se développer et d'être rentable que si la *conviction* du créateur est inébranlable : nombreux sont les créateurs qui abandonnent leur projet en cours de route, devant les difficultés rencontrées. Bernard Paoli, le créateur du cabinet BPI, avait plaisir à raconter que lorsqu'il avait créé son cabinet (MOA) sa première mission n'avait rien rapporté. Mais il avait la conviction que son idée était un concept d'avenir. Aujourd'hui, BPI a pris une dimension internationale, et l'idée de départ – à laquelle pas grand monde ne croyait à l'époque – a permis des avancements importants dans des domaines diversifiés du développement des ressources humaines.

LES FACTEURS FONDAMENTAUX DE RÉUSSITE :

- *L'antériorité du projet*. Le créateur portait depuis longtemps en lui l'idée de s'installer, de créer son activité, son entreprise. La fin de phase professionnelle ou la rupture de phase constituant l'élément déclencheur de la réalisation du projet.

- *L'exploitation d'une compétence, d'une expertise, d'un talent*. Il peut s'agir d'une expertise technique qui vous distingue des autres professionnels (Thierry, par exemple, expert en sécurité informatique est appelé, par ailleurs, à donner des cours sur cette activité) ou un don que vous n'exploitiez pas dans votre activité professionnelle (Alain, commercial dans le textile, a fait de la cuisine son métier. Il faut dire qu'il avait très largement dépassé le stade de l'amateurisme).
- *La créativité du projet*. Nombreux sont ceux qui ont créé leur entreprise sur une idée novatrice, pour développer un concept, une idée personnelle, pour exploiter un brevet.
- *La personnalité du créateur*. Il s'agit souvent de personnalités fortes, indépendantes, à l'étroit dans leur entreprise, voire quelquefois en conflit d'intérêt ou en désaccord stratégique avec leur direction.

Ajoutons que les créateurs qui réussissent ont aussi en commun l'optimisme, la foi en leur produit, leur service ou leur « business », et une vision à moyen-long terme de leur activité : ils ont la vision de son développement.

Si vous envisagez de vous mettre à votre compte, de créer votre entreprise, ou si vous en avez simplement l'idée, ou la velléité, le test suivant vous permettra d'apprécier votre profil et votre motivation de créateur, ainsi que votre style. À vous, ensuite, d'y réfléchir.

TEST

SUIS-JE FAIT POUR UN PROJET DE CRÉATION D'ENTREPRISE ?

Ce test est constitué de deux parties que vous devez « jouer » dans l'ordre. Les résultats combinés de ces deux parties donnent votre profil dans une synthèse globale.

PREMIÈRE PARTIE :

« Avez-vous le profil d'un créateur d'entreprise »

- Voici 12 cas ou situations, suivis de 3 propositions, désignées par les lettres A, B, C.
- Pour chaque question, choisissez la proposition qui vous correspond le mieux et entourez la lettre (*Vous devez choisir une réponse et une seule)*.
- Quand vous aurez terminé, reportez-vous à la grille de réponses, et entourez les chiffres correspondant aux lettres de vos réponses.
- Additionnez les scores obtenus.
- Lorsque vous aurez répondu aux deux parties du test, reportez-vous à la synthèse finale. La note globale à la première partie vous donnera votre profil personnel.

QUESTIONS

1 • Lequel de ces adjectifs emploie-t-on quand on parle de vous :
A – Organisé
B – Entreprenant
C – Bon exécutant

2 • Lorsqu'il faut prendre un risque professionnel (changement d'entreprise, nouveau travail, nouvelle responsabilité...) votre attitude est :
A – Foncer
B – Choisir la prudence
C – Calculer le risque

3 • Votre attitude vis-à-vis de la hiérarchie :
A – Vous avez besoin de consignes claires pour être efficace
B – Vous acceptez la hiérarchie, mais vous savez être autonome
C – Vous n'aimez pas qu'on vous dirige

4 • Lorsqu'il faut prendre une décision importante :
A – Vous préférez décider seul
B – Vous préférez décider de manière collégiale avec d'autres
C – Vous préférez laisser la décision à votre patron

5 • Vis-à-vis des difficultés :
A – Vous avez besoin de trouver du soutien autour de vous
B – Vous vous découragez
C – Vous assumez

6 • Votre moteur :
A – Grimper les échelons hiérarchiques
B – La volonté de réussir
C – Être apprécié pour la qualité de votre travail

7 • La gestion de votre temps :
A – Vous gérez et organisez votre temps
B – Vous avez besoin de vous caler sur des horaires fixes pour être efficace
C – Quand vous entreprenez quelque chose, vous ne regardez pas au temps

8 • La phase où vous êtes le plus performant :
A – Le développement d'affaires
B – La production
C – L'organisation

9 • Face aux problèmes, quelle est la principale qualité que vous mettez en œuvre :

A – La débrouillardise
B – La volonté
C – La rigueur

10 • Pour vous, la principale qualité pour réussir est :

A – Le sens de la progression hiérarchique
B – Le sens relationnel
C – Le sens des affaires

11 • Dans les relations professionnelles :

A – Vous avez du « culot »
B – Vous savez faire valoir votre point de vue sur les choses importantes
C – Vous vous attachez avant tout à bien faire le travail qu'on vous demande

12 • Votre attitude vis-à-vis de l'entreprise :

A – La structure d'une entreprise permet de travailler efficacement
B – Dans une entreprise, on est exploité et limité dans ses possibilités
C – Quand on est son propre patron, on peut s'inspirer du fonctionnement des entreprises existantes

DEUXIÈME PARTIE :

« Quel est votre style personnel »

- Voici 12 questions suivies de 3 propositions de réponses, désignées par les lettres X, Y, Z.
- Pour chaque question, choisissez la réponse qui vous caractérise le mieux et entourez la lettre choisie (*Une réponse et une seule*).

– Quand vous aurez terminé, faites le total de chaque lettre entourée : le score le plus important indiquera quel est votre style personnel.

– Reportez-vous à la synthèse finale.

QUESTIONS

1 • On dit de moi que je suis :

X – Sensible
Y – Dominateur
Z – Méthodique

2 • Mes loisirs préférés :

Y – Pratiquer un sport de compétition
Z – Faire des collections
X – Assister à des concerts

3 • Quand j'entreprends quelque chose, je suis plutôt :

Z – Rigoureux
X – Intuitif
Y – Fonceur

4 • J'aime :

Y – Décider
X – Improviser
Z – Contrôler

5 • On dit de moi que je suis :

X – Imprévisible
Z – De confiance
Y – Responsable

6 • J'aime le travail :

Z – D'organisation
Y – De management
X – Créatif

7 • J'aime les activités :

X – Artistiques
Y – Commerciales
Z – D'organisation

8 • Le mode de travail qui me convient le mieux :

Z – Assurer un contrôle qualité
X – Trouver des idées
Y – Gérer un budget

9 • Ce qui m'intéresse le plus :

X – Les arts
Z – L'informatique
Y – L'économie

10 • On dit de moi :

Y – Je sais décider
Z – Je sais respecter et faire respecter des directives
X – J'ai des idées

11 • J'aime :

Y – Gagner
X – Trouver
Z – Assurer

12 • Le métier que j'aimerais faire si j'en avais la possibilité :

Z – Conseil en organisation
Y – Directeur d'un centre de profit
X – Architecte décorateur

GRILLE DE DÉPOUILLEMENT

Première partie :

Questions	Réponses A	Réponses B	Réponses C	Scores
1	4	8	2	
2	8	2	4	
3	2	4	8	
4	8	4	2	
5	4	2	8	
6	2	8	4	
7	4	2	8	
8	8	2	4	
9	4	8	2	
10	2	4	8	
11	8	4	2	
12	2	8	4	
			Total	

Deuxième partie :

X : ....

Y : ....

Z : ....

SYNTHÈSE

■ Votre score se situe entre 68 et 96

Vous avez un **véritable tempérament d'entrepreneur.** Vous êtes indépendant, fonceur, déterminé, apte à assumer vos responsabilités. Vous avez le sens des affaires et l'envie de réussir.

Attention à ne pas prendre trop de risques, à trop vouloir foncer. Il faudra peut-être apprendre à vous modérer ainsi qu'à gérer votre temps et vos forces.

✔ **VOUS AVEZ UNE MAJORITÉ DE Y :**

Vous êtes un **décideur,** il faut que vous soyez le patron. Votre ambition va de pair avec votre caractère et vous saurez déployer toute votre énergie pour réussir.

→ *Si vous devez encadrer une équipe, choisissez-la bien : il faudra qu'elle ait de la « trempe » pour vous suivre.*

✔ **VOUS AVEZ UNE MAJORITÉ DE X :**

Vous êtes un **créatif** ou un **intuitif**. Si vous voulez créer votre entreprise, c'est afin de pouvoir exprimer votre créativité ou suivre votre intuition, sans être bridé par les carcans d'une structure rigide.

→ *Vous devrez faire effort sur vous-même pour ne pas négliger les problèmes d'organisation, d'administration, de gestion, nécessaires à la vie de votre entreprise.*

✔ **VOUS AVEZ UNE MAJORITÉ DE Z :**

Vous êtes un **organisateur.** Plutôt que d'être poussé par l'ambition ou la créativité, vous allez vous attacher à mettre en place quelque chose d'organisé, avec une structure stable qui permette de vous installer dans la durée en mesurant les risques.

Votre score se situe entre 46 et 68

Vous avez **envie d'entreprendre**, sans toutefois être un « entrepreneur né ». Peut-être vous posez-vous encore des questions sur l'opportunité ou la faisabilité de votre projet. L'important est de savoir s'il s'agit d'hésitations, de doutes, ou de simples réflexions de prudence quant à votre organisation personnelle.

✔ **VOUS AVEZ UNE MAJORITÉ DE Y :**

Votre tempérament est celui d'un **décideur** : les questions que vous vous posez sont certainement plus des questions d'organisation que l'expression d'un doute sur vous-même.

✔ **VOUS AVEZ UNE MAJORITÉ DE X :**

Vous avez **des idées, de l'intuition**, mais vous avez aussi une sensibilité qui vous fragilise. Attention à ce que vos idées ne restent pas velléitaires.

✔ **VOUS AVEZ UNE MAJORITÉ DE Z :**

Vous aimeriez bien vous lancer mais vous êtes un peu trop **rigoriste.** Vous voulez vous assurer de tout, c'est bien. Mais pour se lancer il y a forcément une part de risque qu'il faut accepter.

Votre score se situe entre 24 et 46

Vous n'avez **pas le profil d'un entrepreneur**. Vous avez trop besoin de la structure d'une entreprise pour vous donner les repères qui vous permettent d'être efficace dans votre travail comme dans vos décisions.

✔ **VOUS AVEZ UNE MAJORITÉ DE Y :**

Vous avez le profil d'un **chef de service**, d'un **patron d'unité**, qui sait prendre des décisions et ses responsabilités dans la structure de l'entreprise. Votre ambition est celle de la progression hiérarchique.

→ *Attention à ne pas manifester un autoritarisme trop dur vis-à-vis de vos collaborateurs.*

✔ **VOUS AVEZ UNE MAJORITÉ DE X :**

Vous êtes le **« créatif de service »**, celui qui a des idées, et vous faites passer la satisfaction personnelle avant l'ambition professionnelle. « Marginal » ou relativement indépendant vis-à-vis de la structure d'une entreprise, vous en avez néanmoins besoin pour vous sécuriser et ne pas avoir à vous battre.

✔ **VOUS AVEZ UNE MAJORITÉ DE Z :**

Organisateur, rigoureux, vous êtes tout à fait l'homme de la structure, celui qui, selon les cas, met en place les procédures, les applique ou les fait appliquer.

→ *On peut le dire, vous êtes aux antipodes de l'entrepreneur.*

CHAPITRE 9

L'INTÉGRATION ET LA PÉRENNITÉ

« Réussir, c'est réussir son intégration
et pérenniser son évolution »

A. RÉUSSIR SON INTÉGRATION

La prise de fonction est une phase plus délicate qu'il n'y paraît. Elle est, de surcroît, déterminante de la suite de votre parcours. Il s'agit de trouver vos marques, de vous mettre en confiance en même temps qu'inspirer confiance, d'imposer ou de faire accepter votre style, votre personnalité. Un nouveau manager, quel que soit son niveau de responsabilités ou sa fonction, amène un changement. Un changement que les autres collaborateurs, autour de lui, sont prêts ou ne sont pas prêts à accepter. La direction qui vous a recruté ou nommé à ce poste vous a fixé des objectifs, explicites et implicites : elle attend de vous des résultats dans le sens de ses objectifs.

Nous l'avons vu au chapitre précédent : plus vous êtes confirmé, plus vous prenez des responsabilités importantes et plus on attend que vous soyez opérationnel *rapidement*, sinon immédiatement. « *Aujourd'hui, la période d'adaptation a même tendance à se réduire,* souligne Nathalie Esnault, consultante en management à la Cegos. *Les entreprises privilégient l'action.* »[1]

Cela est également vrai lorsque vous changez de secteur, que vous prenez de nouvelles responsabilités au sein de la même entreprise ou que vous intégrez une nouvelle entreprise. Il peut même arriver que la prise de fonction soit plus délicate dans la même structure, du fait d'inimitiés, de jalousies ou de préjugés (voir plus haut le chapitre 5 : « Les blocages particuliers »)

L'intégration comprend trois étapes essentielles :

- La connaissance de l'environnement
- Les actes symboliques
- Le contrôle

1. in « Les 100 premiers jours pour réussir sa prise de fonction ». Dossier de Grégory Métaireau ; Courrier Cadres. octobre 2003.

a. La connaissance de l'environnement

Il est en premier lieu très important d'être connu, donc de se faire connaître. Cité par la revue « Management », Alain, commercial se souvient de l'arrivée de son directeur des ventes : *« C'était son premier poste d'encadrement. Tétanisé, il ne savait pas de quelle manière nous aborder ! Nous avons mis du temps à nous comprendre. Ce que je prenais pour du mépris n'était en fait qu'un manque d'expérience. »*[1]

N'hésitez pas, si cela n'est pas institutionnalisé par l'entreprise, à faire le tour des services, même de ceux avec lesquels vous ne travaillerez probablement pas dans un premier temps. Un conseil en forme d'évidence, mais on observe souvent qu'il n'est cependant pas suivi. Les raisons ne manquent pas : vous n'osez pas déranger ces cadres que vous voyez affairés, sous le seul prétexte de faire connaissance. Et puis, vous avez vous-même tant de dossiers à découvrir ! Lisez pourtant ce qui est arrivé à Annie, juriste en droit social, dont la période d'essai fut écourtée pour « manque d'intégration ». Travailleuse scrupuleuse, Annie s'est jetée dans les dossiers (il y avait beaucoup de procédures en retard) et on lui a reproché d'être restée enfermée dans son bureau, oubliant d'aller visiter les autres services de l'entreprise. *« Ils savaient que j'étais là, ils pouvaient venir me voir, j'étais à leur écoute »*, plaida l'intéressée. *« Oui, mais ils ne vous connaissent pas »*, répondit la direction. Annie a reconnu par la suite qu'elle ne se sentait pas très à l'aise dans l'environnement

1. in « Au secours, je change encore de chef », dossier de Sabine Germain, Management. Juillet 2003.

de cette entreprise. Mais elle n'a pas oublié cette mésaventure dont elle a tenu compte. Annie vient de réussir son intégration dans un nouveau poste, dans un environnement avec lequel elle se sent plus en affinité. Pour elle, c'est important.

Découvrir son nouvel environnement, c'est apprendre à déchiffrer rapidement la « *Carte des Pouvoirs* » de l'entreprise. Il y a l'organigramme officiel... il y a aussi les réseaux de pouvoir informels. Sachez repérer les véritables détenteurs du pouvoir, les personnes influentes – elles n'exercent pas toujours des fonctions de direction – et sachez vous en faire apprécier. Respectez toujours les hiérarchies officielles : rien de plus redoutable qu'un patron de département qui se sent « doublé », ayant ainsi l'impression de perdre de son pouvoir.

Elle existe dans toutes les entreprises. *Elle* a souvent beaucoup plus d'importance qu'on ne le pense : *la secrétaire du patron*, personnage qui influe considérablement sur le jugement et l'opinion de l'entreprise à votre égard. Il vaut mieux l'avoir de votre côté. Aussi, respectez ses prérogatives, n'essayez surtout pas de contrecarrer son pouvoir. Le patron en a besoin, elle est intégrée à son mode de fonctionnement et à sa stratégie personnelle.

Enfin, il faut apprendre le plus vite possible à « décoder » votre patron. Même si cela paraît caricatural, partez du principe selon lequel tout patron, tout responsable hiérarchique, est un anxieux obsessionnel (vous l'êtes aussi lorsque vous êtes en position de responsabilité hiérarchique). Logique, normal : pour assumer d'importantes responsabilités, on a besoin de repères, de points d'ancrage ; de s'assurer et de se rassurer. Repérez quels sont les points de fixation de votre patron direct et faites en sorte de le satisfaire sur ces points : rigoureux, il veut son reporting d'activité tous les lundis matins ; tatillon, il veut que vous passiez par lui avant de proposer une idée au marketing ; économe, il souhaite que vous établissiez des justificatifs pour les dépenses de stylos à bille... ne vous battez pas. Même si vous pensez que de telles exigences sont inutiles et qu'elles font injure à votre statut. Vous n'obtiendrez jamais gain de cause en le contrevenant, et il ne vous fera pas confiance tant qu'il ne sera pas satisfait sur ses points de fixation. Mais dès que vous le rassurerez, que vous entrerez dans ses repères, il vous fera confiance. Vous pourrez alors développer initiatives et degrés de liberté.

b. Les actes symboliques

Même si vous n'êtes pas recruté à ce poste avec, pour mission, de réorganiser le service, vous arrivez avec votre propre organisation, votre propre manière de faire : vous n'êtes pas un clone de votre prédécesseur. Vous allez donc, nous l'avons vu plus haut, nécessairement générer des réflexes de *résistance au changement* de la part de l'équipe en place ou dans le service.

Même s'il y a urgence, évitez d'imposer le changement ou la réorganisation de manière brutale et autoritaire. Sondez les craintes et les attentes de chacun, situez les rôles et les missions (expertise, relationnel, pouvoir...). Durant ces premiers temps, restez prudent : peut-être allez-vous voir se réveiller de vieilles querelles, découvrir de désagréables surprises, peut-être encore cherchera-t-on à vous tendre des pièges, à vous déstabiliser... Certains personnages influents – et néfastes – dont vous n'avez pas perçu toute l'étendue du pouvoir, pourraient saper vos initiatives et vous mettre dans des situations délicates.

Aussi, vos premières décisions ne seront-elles pas stratégiques, mais consisteront davantage en des *actes symboliques* destinés à marquer votre présence, votre style, votre personnalité. Ainsi Grégoire, lorsqu'il a repris la direction d'un bureau d'études qui n'était plus très performant, a instauré une réunion de service tous les lundis matins à 8 heures précises pour faire le point et élaborer les plans d'action. Aucune excuse tolérée pour les retards. Durée de la réunion : 1 heure, pas une minute de plus, et engagement de travailler sur les points abordés à l'ordre du jour. « *Le lundi matin à 8 heures, c'était dur pour moi aussi* », reconnaît Grégoire en souriant. Mais cette rigueur fut très rapidement comprise comme un message fort destiné à « recadrer » l'activité. Ce dont l'équipe a su gré à Grégoire : les ingénieurs et techniciens du bureau d'études percevaient très nettement que certaines dérives les mèneraient, à terme, vers de graves difficultés.

Ce n'est qu'avec la confiance et le respect des autres collaborateurs que vous pourrez progresser, que votre rôle soit de direction de service, de développement commercial ou de création technologique.

C. Le contrôle

N'hésitez pas, durant votre période d'essai, à faire le point avec votre patron. Y compris à lui faire part de difficultés que vous pouvez rencontrer. C'est en en parlant, en écoutant, que l'on peut en mesurer l'importance et y porter remède. Rien de pire que la politique de l'autruche qui ne peut que vous assurer, en fin de période d'essai, remontrances et remerciement (drôle de mot !) en lieu et place d'une confirmation à votre poste. À tout prendre, si l'intégration se passe mal, tirez-en les conséquences dans les plus brefs délais, ne vous engouffrez pas dans une voie qui vous mènera, à coup sûr, vers un échec préjudiciable à tous. Le conseil vaut pour une prise de fonction en interne... Imaginez : vous risquez de vous trouver dans une situation inextricable si, d'une part, vous n'êtes pas confirmé dans votre nouvelle fonction et que, d'autre part, vous avez déjà été remplacé dans votre ancien poste.

Il arrive souvent, lorsque la période d'essai est satisfaisante, que vous vous trouviez confirmé de fait dans votre fonction sans autre formalité, sans un entretien de formalisation. Pourquoi pas. Cependant, rien ne vous interdit, bien au contraire, de prendre l'initiative d'anticiper : un entretien un mois avant l'échéance, vous permettra de vous rassurer, de savoir que vous êtes en phase. Vous n'en serez que plus à l'aise, donc plus efficace.

Les entreprises soucieuses de l'intégration et de la gestion de leurs cadres sont attentives à la formalisation des étapes importantes. Elles sont de plus en plus nombreuses à préparer, à baliser, à suivre, l'accueil et l'intégration des nouveaux entrants. Et des moyens parfois – en supports de communication et en accompagnement – très sophistiqués sont dédiés à cette période probatoire décisive de la réussite future du cadre dans sa nouvelle entreprise. Un dossier de Courrier Cadres d'octobre 2003 cite l'initiative des laboratoires Boiron : « Un mois après son arrivée, tout nouveau cadre rencontre son supérieur hiérarchique pour faire le point sur son entrée en fonction. *"Ils évaluent ensemble les difficultés du cadre par rapport à son poste et à l'équipe, les points à améliorer..."*, explique Bruno Siguier, responsable du recrutement. Cet échange est repris dans un document de 2 pages intitulé Bilan d'Intégration. *"Il permet au cadre de suivre ses progrès au cours de cette phase délicate et d'être ainsi plus efficace par la suite."* »

B. PÉRENNISER SON ÉVOLUTION

Vous venez de réussir votre prise de fonction, votre intégration – le démarrage de votre activité indépendante ou de votre entreprise. Il s'agit maintenant de la pérenniser. Car rien n'est jamais acquis. Et ce n'est pas là un constat pessimiste : un démarrage n'est pas une fin ; vous en avez pris conscience tout au long de ce livre : **la réussite est dans *la projection*.**

De même, lorsque vous prenez la responsabilité d'un projet, vous prévoyez les étapes de son développement jusqu'à sa réalisation ; de même encore lorsque vous démarrez votre nouvelle activité vous devez prévoir les étapes de votre propre développement : rebondirez-vous sur une autre mission, ou êtes-vous parti pour assurer la gestion d'une activité sur le long terme ?

Exemples :

- Vous prenez la responsabilité d'un développement commercial. Imaginez les ouvertures et les développements ultérieurs quand les objectifs seront atteints : vous mettrez-vous sur le lancement d'autres produits, étendrez-vous votre champ d'action au niveau national ou international, ou bien vous orienterez-vous vers des responsabilités stratégiques ou de marketing ?

– Vous prenez la responsabilité d'un service de gestion. Prévoyez les développements possibles vers des responsabilités opérationnelles ou vers des responsabilités stratégiques.

Prévoir, c'est se préparer, s'ouvrir à d'autres méthodologies, à d'autres modes de fonctionnement, à d'autres secteurs d'activité. Il arrive toujours un moment où, en fonction de votre métier, de votre âge, de votre situation familiale, vous avez envie de vous poser, de vous stabiliser. C'est normal, mais *attention* : s'installer dans la durée, ce n'est pas simplement prolonger ce que vous faites ni vous « accrocher à votre fauteuil ».

La gestion des ressources humaines dans les entreprises est aujourd'hui de plus en plus basée sur des principes de projection dynamique : les dirigeants savent bien qu'à rester trop longtemps dans une fonction, les cadres finissent par perdre leur potentiel créatif et productif. C'est alors la hiérarchie qui vous propose – ou qui vous impose – de changer de secteur, de service ou d'unité. Le cadre qui a voulu « s'accrocher à son fauteuil » et qui vit sur ses acquis au lieu de renouveler son mode de fonctionnement perçoit souvent cette incitation comme une brimade. Et il est d'autant plus mal placé pour assumer le changement imposé, qu'il ne s'y est ni ouvert ni préparé.

La pratique, aujourd'hui généralisée dans les grandes entreprises, des entretiens annuels d'évaluation va dans le sens de la nécessaire remise en cause des carrières pour éviter les « encroûtements ». On peut même dire que le terme d'entretien d'évaluation n'est pas vraiment approprié : il s'agit avant tout d'entretien de « *Définition d'Objectifs* » (l'évaluation portant dès lors sur l'atteinte des objectifs). Il constitue une opportunité certaine pour rester ouvert à une vision de carrière projective. Dans les PME, la proximité avec le patron fait qu'une telle formalisation n'est pas toujours mise en place, mais le principe du travail sur objectifs y est une évidence. N'hésitez pas à solliciter votre patron pour en avoir l'évaluation !

Conclusion de la troisième partie

OSEZ VOTRE AMBITION

Ce livre vous le montre : la vie professionnelle s'inscrit nécessairement dans un faisceau d'évolutions : de la société, de l'entreprise, de vous-même.

Évolution de la société : les nouvelles technologies révolutionnent les process de production, donnant naissance à des produits toujours plus surprenants ; elles révolutionnent aussi les réseaux de communication, les rendant toujours plus rapides en même temps que plus complexes et diversifiés. Laissons le débat idéologique aux partisans des diverses tendances : la mondialisation est un fait, avec ses répercussions sur les entreprises, les modes de travail et le commerce.

À la fois initiatrice de ces bouleversements et impactée par leurs conséquences, l'entreprise évolue : elle se trouve même aujourd'hui dans une phase de mutation qui crée bien des déséquilibres. Dans ce mouvement, vous-même évoluez – nous évoluons tous. Votre métier change, vous changez. Vous progressez, vous apprenez, vous prenez des responsabilités (parfois aussi des coups), vous gagnez en maturité.

Ce qui pour vous importe, c'est que cette évolution, dans son ensemble, ne soit pas subie. Certes, vous ne changerez pas le cours de l'économie mondiale. En revanche, l'entreprise évolue parce que les hommes la font évoluer. Aussi vous appartient-il de maîtriser et développer ce qui fait votre force : vos compétences, votre potentiel. Cela ne va pas sans risques ni sans difficultés mais, comme nous l'avons déjà écrit, **évoluer c'est faire demain ce qu'on ne savait pas faire hier.** Le plus grand risque serait finalement de n'en prendre aucun.

Bougez, projetez, créez... Osez aussi l'ambition ! Être ambitieux ne signifie pas être irréaliste : tout le monde ne sera pas directeur ou président (et c'est tant mieux car peu nombreux sont ceux qui le souhaitent vraiment). À l'inverse, réalisme ne signifie pas sous-estime de soi : ce n'est certainement pas en minimisant votre potentiel personnel que vous progresserez, que vous pérenniserez votre carrière. À chacun son ambition (Faites le petit test de conclusion), ne serait-elle que de vouloir être fier de ses actes, de ses réalisations.

Enfin, il n'existe aucune voie toute tracée. C'est jour après jour que l'on crée son avenir, progressant toujours par essais-erreurs : on remplit une mission, on exerce un métier, on acquiert une expérience, on réussit, on échoue aussi. Et c'est ainsi que l'on apprend, que l'on se développe, que l'on se perfectionne. À ne rien essayer, à ne jamais tenter de nouveaux itinéraires, on risque de rester bloqué sur des voies vite encombrées ou qui finissent en cul-de-sac.

C'est cela l'expérience : connaître les méthodes qui font gagner du temps, repérer les difficultés, connaître ses propres réactions face aux succès, aux déconvenues, aux échecs. C'est être toujours prêt à découvrir des solutions inédites, nouvelles.

Prenez garde à ce que l'expérience ne vous rende pas trop prudent, indécis, timoré ; qu'elle ne vous immobilise pas : à trop présager les pièges et les écueils qui peuvent surgir, on peut être tenté de rebrousser chemin, de ne plus oser se lancer. Prenez exemple sur les plus jeunes, qui se lancent avec foi et optimisme dans des projets nouveaux. Et l'expérience que vous avez, vous, des risques et des pièges à éviter vous permettra de gagner en confiance et en efficacité.

Alors ? Quelle est votre ambition ?... Ce dernier petit test apportera une touche finale à la réflexion que vous venez de faire sur vous.

TEST

QUELLE EST MON AMBITION ?

Voici 12 situations. Pour chacune, trois réponses possibles. Choisissez celle qui vous correspond le mieux (N'en choisissez **qu'une seule** même si d'autres vous conviennent). Reportez-vous ensuite au tableau des réponses.

QUESTIONS

1 • Pour moi, le plus important dans une idée, c'est :
- C – Sa réalisation
- E – Sa rentabilité
- F – La possibilité d'en être maître d'œuvre

2 • Pour moi, ce qui fait vivre l'entreprise, c'est d'abord :
- E – Une bonne gestion
- B – Les produits nouveaux
- C – Le développement des activités

3 • Je commence à m'ennuyer quand :
- B – Il faut gérer dans la durée
- C – Les projets ne connaissent pas de développement
- D – Je dois faire un travail que d'autres pourraient faire

4 • Mon point fort :
- D – Je suis très pointu dans mon domaine
- A – J'assume mes décisions
- B – J'ai toujours des idées originales

5 • 5 – Face aux problématiques de l'entreprise :
- A – Je prends les initiatives nécessaires
- B – J'ai des idées innovantes
- C – Je sais faire monter en puissance une activité

6 • J'aime :
- C – Construire
- A – Donner des directives stratégiques
- D – Résoudre des problèmes difficiles

7 • La position qui me convient le mieux :
- F – Être maître à bord

A – Diriger au sein d'une structure
B – Lancer de nouvelles idées

8 • Je suis satisfait quand :
B – Je suis à l'origine d'une activité (d'un produit)
E – Mes résultats sont impeccables
F – Je suis totalement maître de mes décisions

9 • Je veux :
E – Que tout soit bien en place
F – Être indépendant
A – Donner les directives

10 • Ce qu'on reconnaît le plus en moi :
A – Mon autorité
D – Mon expertise
E – Mes qualités de gestionnaire

11 • J'aime :
D – Approfondir
E – Consolider
F – Prendre des risques

12 • On me définit comme :
F – Une forte tête
C – Un élément productif
D – Une référence

RÉPONSES

La lettre majoritaire indique quelle est VOTRE ambition. (Si le score secondaire est élevé, il est intéressant à consulter, comme élément complémentaire. Si deux scores sont à égalité, ils peuvent se compléter ou se renforcer. Ils peuvent aussi être divergents : cela peut constituer un frein. À vous d'y réfléchir et de déterminer quel est votre vrai moteur).

VOTRE AMBITION

A – Vous affirmez le tempérament et la volonté pour aller vers la **Direction** d'un département ou d'une unité. Cela au sein d'une entreprise, à moins que votre score F soit élevé aussi, ce qui signifierait alors que vous avez vraiment l'âme d'un patron.

B – Vous êtes un **Créatif**. Votre ambition est liée à la reconnaissance et à la réussite de vos idées. Attention toutefois à ne pas être un « professeur Nimbus ». Travaillez d'autres aspects : développeur ou gestionnaire selon les cas.

C – Vous êtes un « **Développeur** ». Votre ambition est ce qui fait votre force : produire, faire progresser, monter en puissance. Selon votre métier, ce peut être aussi bien en développement de produit, qu'en développement de production, ou développement commercial.

D – **Expert** dans votre partie, votre ambition est que votre expertise soit non seulement reconnue mais valorisée. Vous approfondissez des savoir-faire que vous mettez au service de l'entreprise, attention toutefois à ne pas vous enfermer dans une tour d'ivoire.

E – Votre ambition s'inscrit dans le long terme, aussi bien pour vous-même qu'en ce qui concerne l'entreprise. Vous êtes le « **Gestionnaire** », garant du fonctionnement, des résultats, de la pérennité de son activité.

F – Vous êtes un « **Indépendant** ». Votre ambition, c'est d'être votre propre patron. Peut-être réfléchissez-vous déjà à monter votre propre entreprise ? Reportez-vous au test : « Suis-je fait pour un projet de création d'entreprise ». La prise de risque fait partie de l'intérêt que vous y prendrez.

Cadrotype

ÉPANOUI, SCEPTIQUE OU MÉCONTENT… COMMENT POUVEZ-VOUS PROGRESSER ?

Le « Cadroscope » de l'Apec[1] sonde les cadres sur les points clés de leur vie professionnelle : degré d'adhésion à la stratégie et la culture de l'entreprise ; relation avec la direction ; investissement au travail ; autonomie dans le travail ; reconnaissance ; perception de l'équilibre vie professionnelle/vie privée.

Ce Cadroscope permet ainsi de classer les cols blancs en sept groupes distincts : les *Cadres de Direction Générale*, les *Épanouis*, les *Investis*, les *Mitigés*, les *Détachés*, les

1. Enquête annuelle réalisée auprès de 3000 cadres.

Sceptiques et les *Mécontents*. Sept catégories qui, elles-mêmes, se scindent en trois sous-groupes :

- **Les cadres qui éprouvent un lien fort** avec l'entreprise : les *Cadres de Direction Générale*, les *Épanouis* et les *Investis*. Cette sous-catégorie représente 38 % des cols blancs.
- **Les cadres qui ressentent une distance** vis-à-vis de leur entreprise : les *Mitigés*, les *Détachés* et les *Sceptiques*. Soit 46 % des cadres. Mais, explique l'Apec, cette distance est *constructive* dans la mesure où *la gestion individuelle de carrière est devenue la règle.*
- **Les cadres qui expriment clairement une rupture :** les *Mécontents* qui représentent 16 % des cadres.

Ces *cadrotypes* ne sont pas figés : un cadre peut être amené à traverser l'un ou l'autre au fil de son parcours. L'Apec constate, par exemple, que le climat conjoncturel (et donc, le risque de chômage) ainsi que les facteurs structurels (nombre de personnes encadrées, contrainte familiales) influent sur la nature du lien avec l'entreprise.

Et vous : êtes-vous *Investi* ou *Mitigé* ? Et, selon le *cadrotype*[1] auquel vous appartenez, *(*avec tout de même un degré d'urgence plus élevé pour le *Mécontent* que pour l'*Épanoui),* **comment pouvez-vous progresser ?**

---

1. Nous laissons de côté le *Cadre de Direction Générale* (7 %) qui, par sa fonction, appartient à un groupe spécifique : son rôle au sein de l'entreprise a une forte incidence sur le lien qu'il tisse avec elle. De même son pouvoir de décision biaise le regard qu'il porte sur sa stratégie (il en a une opinion positive sans toutefois y adhérer pleinement et ce, en dépit de son rôle) puisqu'il concourt à la concevoir et à la mettre en œuvre. Il est donc juge et partie et peut être *Épanoui* ou *Investi*.

L'ÉPANOUI, ***l'inconditionnel de l'entreprise*** (15 %) : forte adhésion à la stratégie de l'entreprise et à sa culture ; relation très positive avec la DG et environnement de travail favorable, l'épanoui s'investit beaucoup dans son travail qu'il considère comme une source d'épanouissement. Son emploi est en parfaite adéquation avec son projet professionnel. Avec l'*Investi* (voir plus bas) l' *Épanoui* est aussi celui qui affiche le plus fort taux de mobilité dont il tire une satisfaction sans doute liée à l'attrait de la nouveauté et aux bénéfices qu'il tire du changement (responsabilités plus importantes, rémunérations plus élevées, intérêt du poste). Comme le *Cadre de Direction Générale, l'Épanoui* ne redoute pas la perte d'emploi *« Ils ont les meilleurs contacts et savent en profiter au bon moment »* explique Jacky Chatelain directeur de l'Apec.

✔ QUE DOIT-IL FAIRE ?

L'ÉPANOUI s'inscrit pleinement dans une attitude de « Projection Créative », ce qui lui permet d'être professionnellement en adéquation avec ses aspirations, ouvert et préparé aux changements. Il devra faire en sorte de rester toujours créatif et innovant lorsque viendra le moment de se stabiliser, et de trouver en lui-même les ressources d'un renouvellement qui ne lui viendra peut-être plus de l'entreprise.

L'INVESTI, ***l'ambition personnelle affichée*** (16 %) : il souscrit, avec quelques nuances cependant, à la stratégie de l'entreprise. En revanche, côté culture il s'y reconnaît complètement. Il entretient de bonnes relations avec la DG et estime travailler dans un environnement favorable.

Malgré un fort investissement au travail (fondé sur son ambition personnelle), l'*Investi* est celui qui parvient le mieux à maintenir une frontière relativement étanche entre vie professionnelle et vie privée.

✔ QUE DOIT-IL FAIRE ?

L'attachement très fort à la stratégie et aux valeurs de l'entreprise est un facteur de réussite (matérielle et personnelle) certain. Mais attention à ce que cet attachement ne devienne pas dépendance. Autant l'INVESTI sait maintenir la frontière entre vie professionnelle et vie privée, autant il devra faire la part de ce qui revient à son potentiel personnel (et non à l'entreprise) dans sa réussite, afin de pouvoir s'investir avec autant de force dans une autre structure, si jamais son entreprise le lâche.

LE MITIGÉ, *le travail avant l'entreprise* (19 %) : il se caractérise par une adhésion partielle à la stratégie de l'entreprise, un investissement lié étroitement à l'intérêt du travail, une relation constructive avec la DG et une perception positive de l'environnement. Les motivations qui peuvent le pousser à changer d'entreprise sont liées à une volonté d'évolution professionnelle.

✔ QUE DOIT-IL FAIRE ?

À l'inverse de l'investi, le MITIGÉ aura intérêt à adhérer davantage à la stratégie et aux valeurs de l'entreprise. À un certain niveau de responsabilités, c'est l'implication dans les valeurs autant que le potentiel personnel qui justifie les promotions et l'appartenance aux comités de direction.

LE SCEPTIQUE, *le tenant du « donnant-donnant »* (15 %) critique à l'égard de la stratégie de l'entreprise qu'il ne rejette toutefois pas, il en reconnaît cependant la culture. Avec son employeur, il entretient une relation de type contractuel et est un adepte du donnant-donnant. Pragmatique dans son travail, il a un fort besoin de reconnaissance. Ses motivations au changement sont souvent d'ordre personnel.

✔ QUE DOIT-IL FAIRE ?

Le problème du SCEPTIQUE n'est pas tant lié à la stratégie de l'entreprise qu'à lui-même. Au fond, il doute, et c'est pour cela qu'il a un fort besoin de reconnaissance, qu'il hésite à s'engager. C'est la rencontre avec un patron avec qui il se sentira personnellement en phase qui lui permettra de lever ses doutes. Mais une telle rencontre ne se programme pas… Reste alors à travailler sur soi, sur ses priorités, ses freins et sa confiance.

LE DÉTACHÉ, *une attitude défensive* (12 %) il n'est guère convaincu de l'impact de la stratégie de l'entreprise et reconnaît peu sa culture. Il pense toujours que son environnement de travail pourrait être meilleur, il affirme être fortement attaché à son métier même s'il développe parfois des attitudes défensives. Il subit les changements professionnels plus qu'il ne les maîtrise.

✔ QUE DOIT-IL FAIRE ?

De deux choses l'une : ou son attitude est liée à son entreprise actuelle, auquel cas on peut lui conseiller de regarder à l'extérieur. Ou il s'agit d'une attitude permanente : le DÉTACHÉ a intérêt alors à prendre encore plus de recul qu'il ne pense en prendre aujourd'hui, afin de moins subir les événements, et, à défaut d'adhérer complètement à la stratégie de l'entreprise, d'y trouver de meilleures possibilités d'évolution personnelle.

LE MÉCONTENT, *la rupture* (16 %) sa relation à l'entreprise est conflictuelle. Son investissement dans son travail est lié à la peur de le perdre ; il perçoit son environnement comme « difficile et incertain ». Le mécontent souhaite bien sûr changer d'entreprise sans y parvenir. On rencontre pas mal de *Mécontents* parmi les femmes, les cadres travaillant dans des moyennes ou petites entreprises qui n'offrent guère de perspectives d'évolution, parmi enfin les commerciaux et les informaticiens.

✔ QUE DOIT-IL FAIRE ?

On le voit bien : le MÉCONTENT est celui qui ne peut pas s'inscrire dans une « Projection Créative » *: n'ayant pas cette vision, l'environnement lui paraît « difficile et incertain ». Il subit et s'accroche à sa place, au risque de cristalliser ce qui rend sa situation difficile. Il est peut-être important pour lui de faire un Bilan de Compétences, de voir comment trouver des idées nouvelles pour se « désenclaver » de sa position, de son métier, et être ainsi mieux en mesure de trouver des ouvertures en interne, ou de trouver de nouvelles opportunités en externe.*

SOMMAIRE

TROISIÈME PARTIE

RÉUSSIR SON ÉVOLUTION

Contact BPI

LEROY consultants, Groupe BPI. 16, rue Vivienne 75002 Paris.

Bureaux en France : Bordeaux, Grenoble, Lille, Lyon, Marseille, Montpellier, Mulhouse, Nancy, Nantes, Rennes, Rouen, Sophia-Antipolis, Strasbourg, Toulouse.

Contact Fongecif ou autre organisme paritaire

Connectez-vous sur www.fongecif.com

Contact Apec

Adressez-vous à votre conseiller Apec en vous connectant sur le site www.apec.fr

Forte de son expérience de conseil et de recrutement auprès des cadres et des entreprises ainsi que de ses méthodes (sessions Perspectives et la méthode Déclic), l'Apec propose aux entreprises et aux cadres qui en formuleraient la demande auprès de leur manager ou leur RH une gamme de bilans de compétences.

1/ Le bilan de compétences individuel Apec

Le bilan de compétences individuel répond soit à la demande d'un cadre soit à la demande de son responsable RH (il importe dans ce cas de vérifier que le cadre est bien volontaire) :

- Aider un cadre à conduire un changement
- L'aider à élaborer et valider un projet à partir d'une réflexion sur ses compétences
- L'aider à saisir des opportunités dues aux changements de l'entreprise
- Optimiser un investissement formation

Déroulement. 5 entretiens de face à face avec un consultant sur une amplitude de 2 mois.

Méthode. Méthode mixte de réflexion individuelle et de travail avec le consultant reposant sur l'analyse des compétences personnelles et professionnelles

- L'analyse des logiques de comportement avec test de personnalité (Sosie)
- Élaboration de pré-projets validés sur le terrain
- Élaboration d'un projet argumenté avec plan d'action
- Rédaction d'un document de synthèse, propriété de l'intéressé.

2/ Le bilan de compétences groupe Apec

Les objectifs poursuivis sont les mêmes que lors du bilan de compétences individuel :

- Aider un cadre à conduire un changement
- L'aider à élaborer et valider un projet en travaillant à partir de ses compétences
- L'aider à optimiser un investissement formation
- Partager sa réflexion avec des pairs

Déroulement. Un bilan de compétences en petit groupe de 5 personnes, 2j + 1, un mois après.

Le bilan de groupe comporte 3 dimensions :

- Le travail en groupe
- La réflexion individuelle avec préparation de travaux écrits
- Le travail en face à face avec un consultant pour la restitution du test

Méthode.

- Le bilan des savoir faire professionnels, des traits de personnalité et des motivations
- La constitution d'un porte feuille de compétences
- L'élaboration d'hypothèses d'évolution et confrontation au marché interne ou externe durant l'inter-session
- La formalisation et argumentation d'un ou plusieurs projets ainsi que leur plan de réalisation

Composé par : Compo-Méca sarl
64990 Mouguerre

Achevé d'imprimer : Clausen & Bosse
N° d'éditeur : 3206
Dépôt légal : Août 2005

Imprimé en Allemagne